Ulla Fichtner

Meine kunterbunte Monsterwelt

Lustige Monsterbilder
zum Ausmalen für
kleine Künstler
ab 3 Jahren

Malbuch

Druck und Distribution im Auftrag der Autorin:
tredition GmbH, Halenreie 40-44, 22359 Hamburg, Deutschland

ISBN 978-3-384-20053-2

Die Publikation und Verbreitung erfolgen im Auftrag der Autorin zu erreichen unter:
tredition GmbH, Abteilung "Impressumservice", Halenreie 40-44, 22359 Hamburg, Deutschland.

Willkommen in der wunderbaren Welt der lustigen Monster!

Dieses Malbuch ist speziell für kleine Künstlerinnen und Künstler ab 3 Jahren konzipiert und lädt sie ein, in eine fantastische Welt voller Farben und Spaß einzutauchen.

In diesem Buch finden sich einzigartige Monsterbilder, die darauf warten, mit bunten Farben zum Leben erweckt zu werden. Von schelmischen Einhörnchen-Monstern bis hin zu verschmitzten Drachenwesen gibt es hier eine Vielzahl von liebenswerten und fantasievollen Kreaturen zu entdecken.

Die großzügigen Maße von 21x21 cm machen dieses Malbuch ideal für kleine Hände und bieten genügend Platz für kreative Entfaltung. Egal ob mit Buntstiften, Filzstiften oder Wachsmalstiften - die Möglichkeiten sind endlos!

Tauche ein in die Welt der fröhlichen Monsterfreunde und erlebe stundenlangen Mal- und Spielspaß. Lass deiner Fantasie freien Lauf und gestalte jedes Bild nach deinen eigenen Vorstellungen. Dieses Malbuch ist nicht nur eine unterhaltsame Beschäftigung, sondern fördert auch die Feinmotorik und Kreativität junger Kinder.

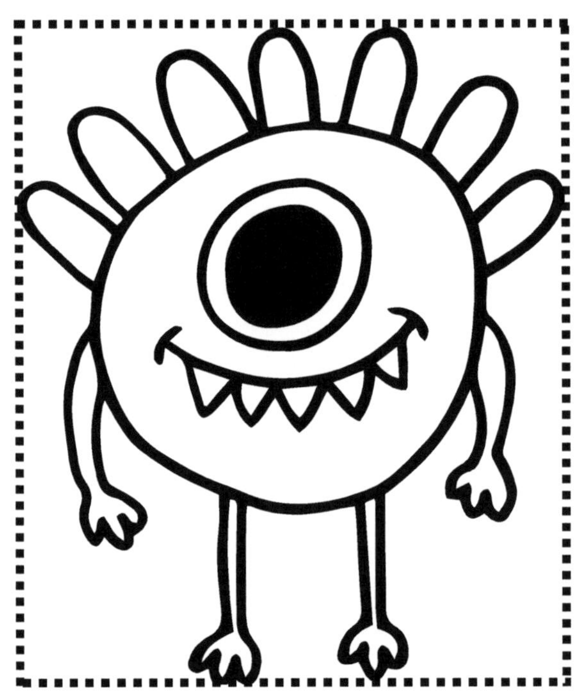

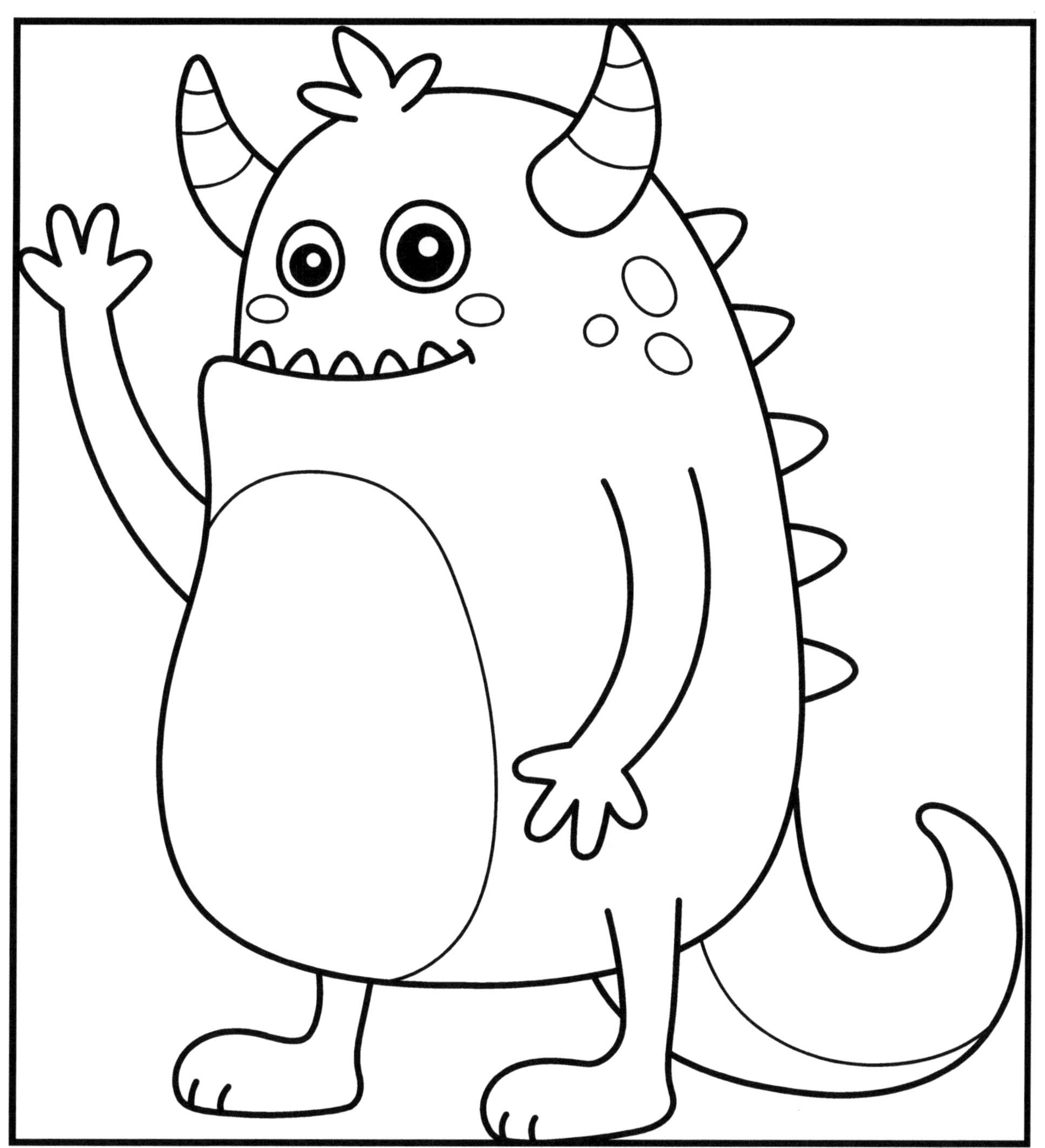

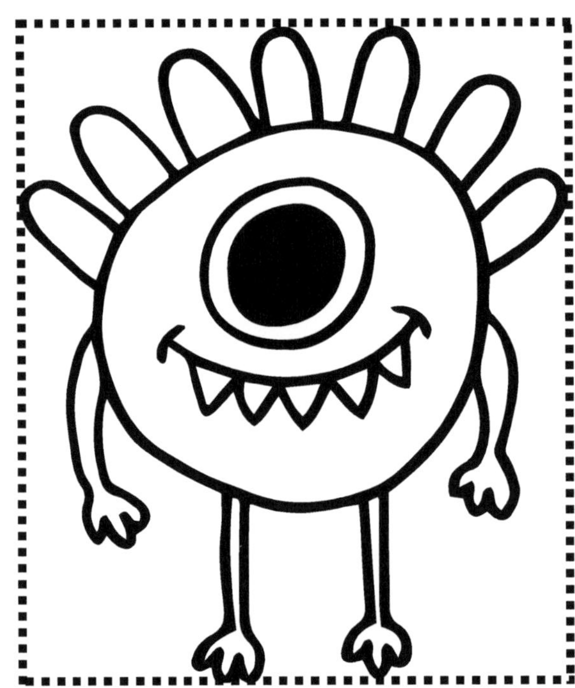

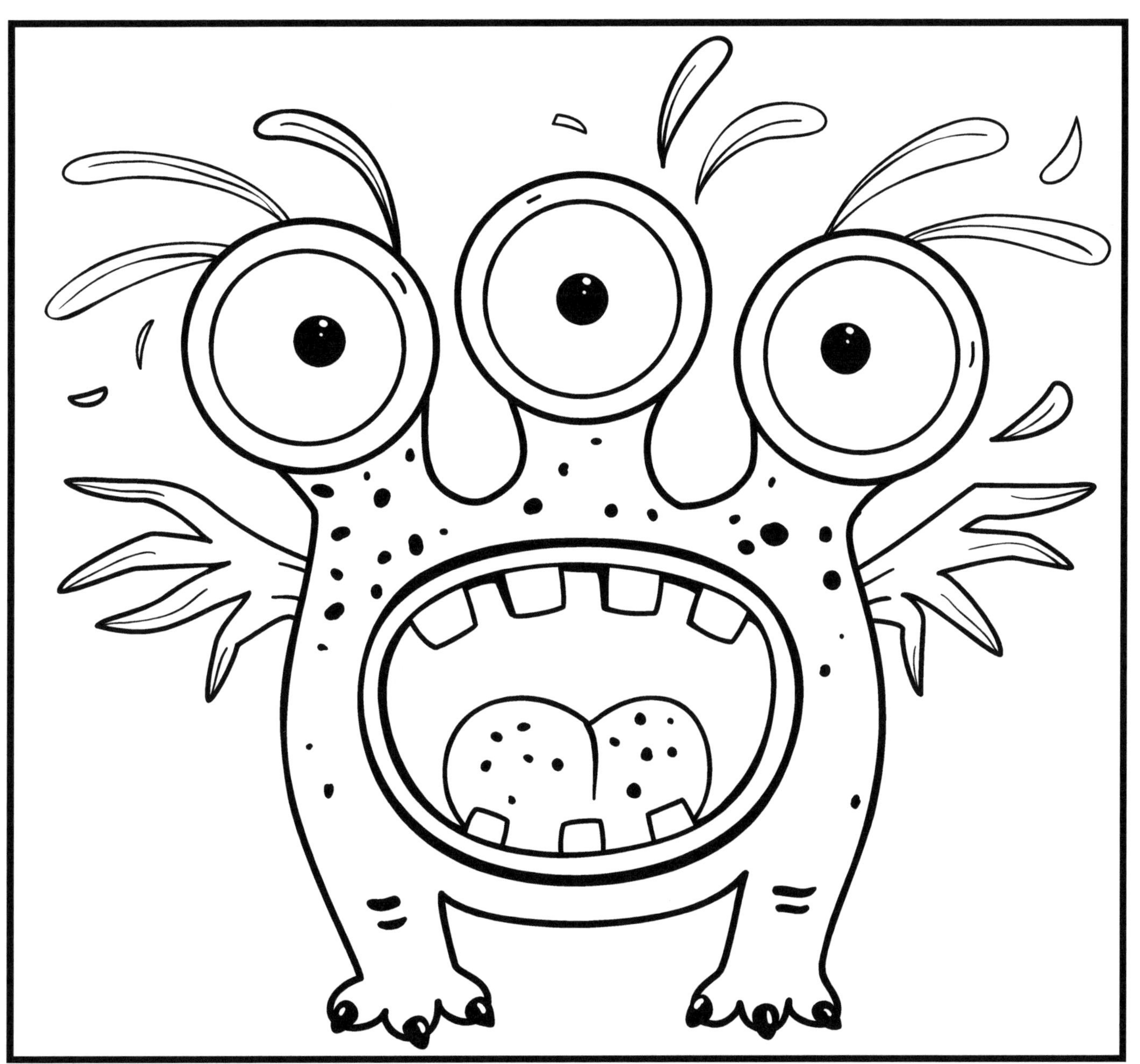

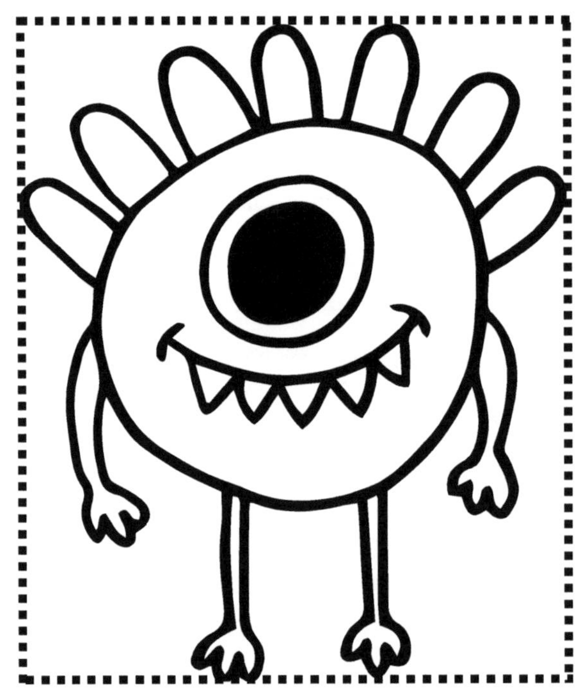

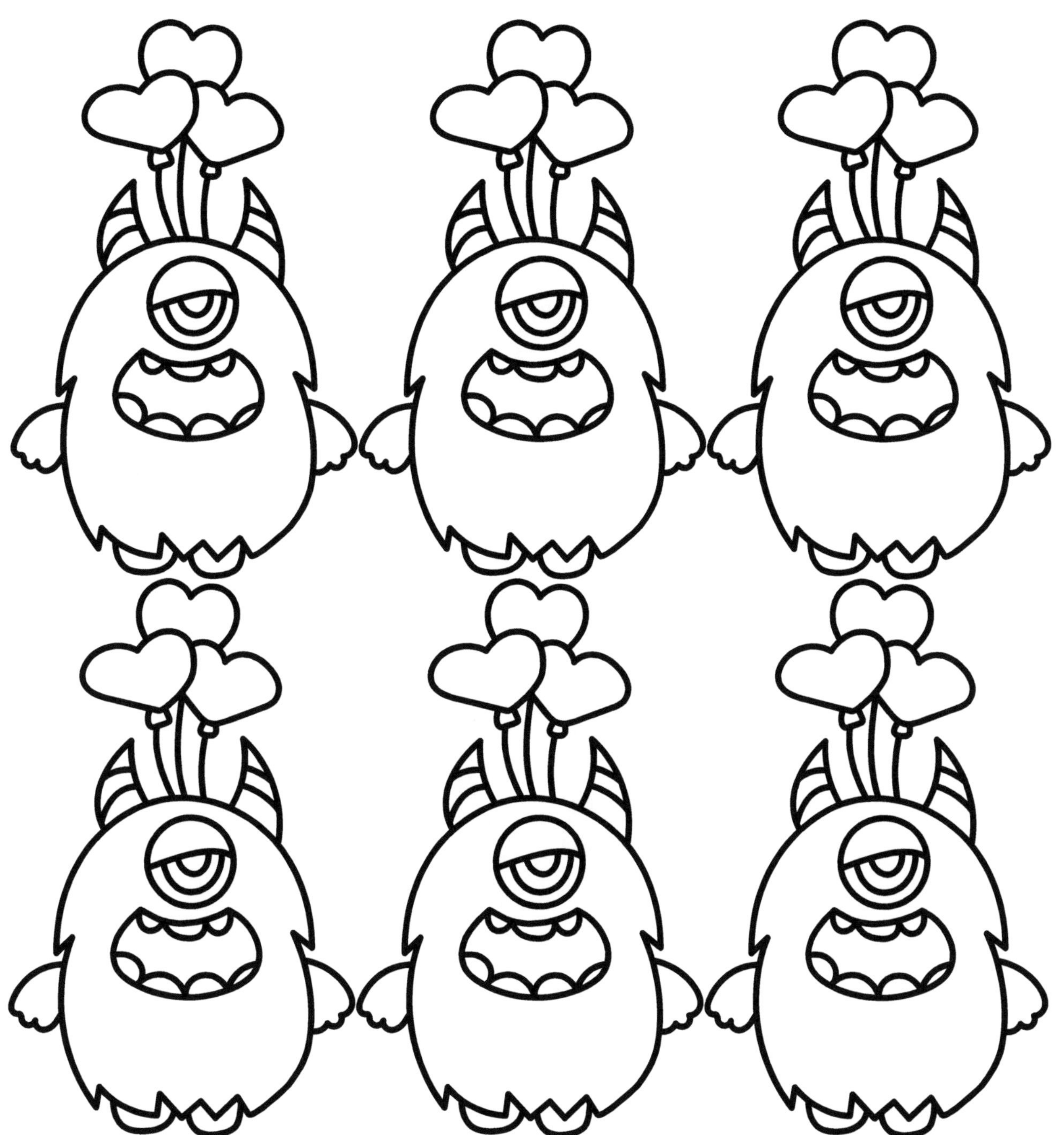

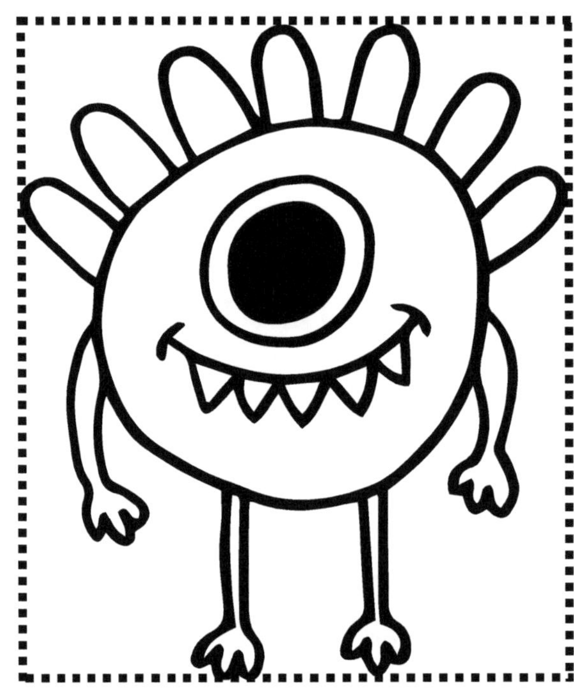

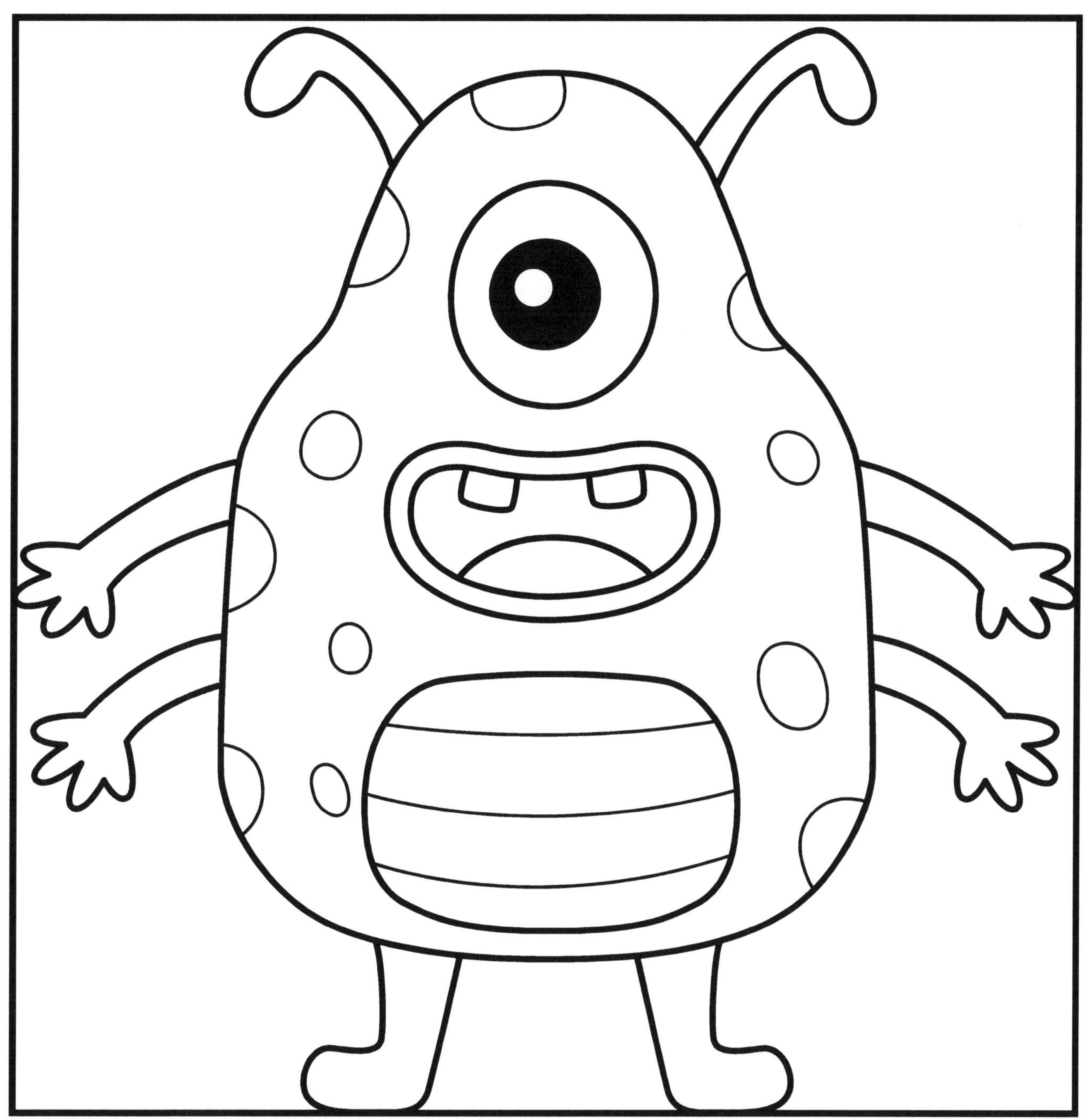

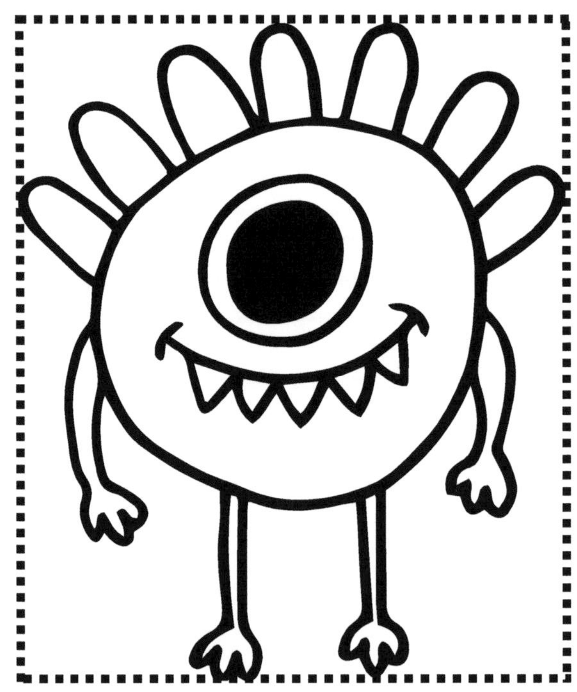

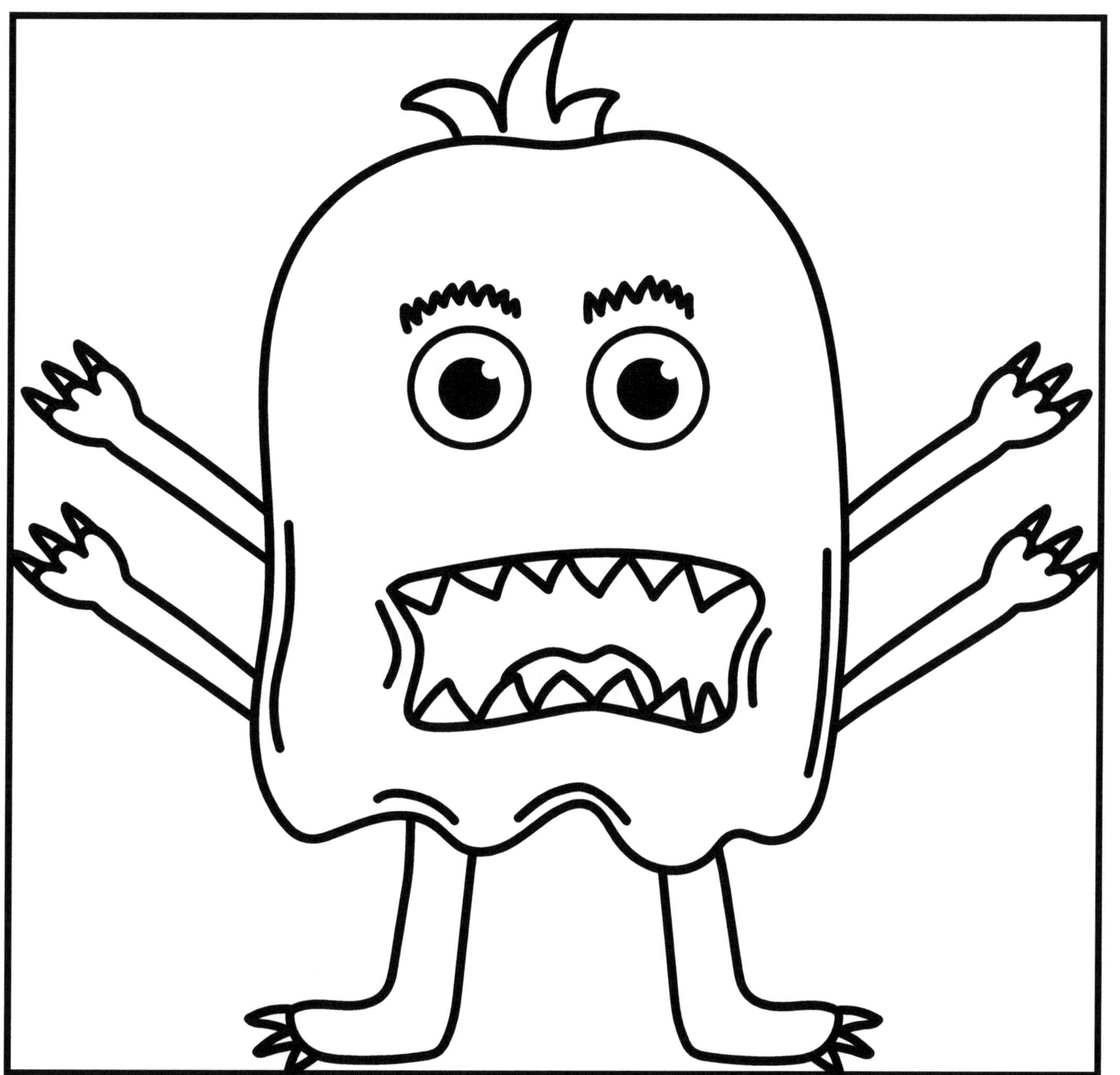

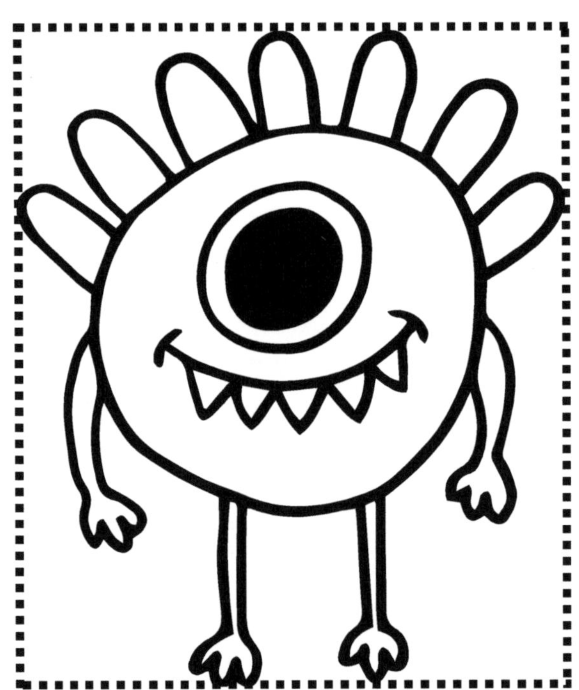

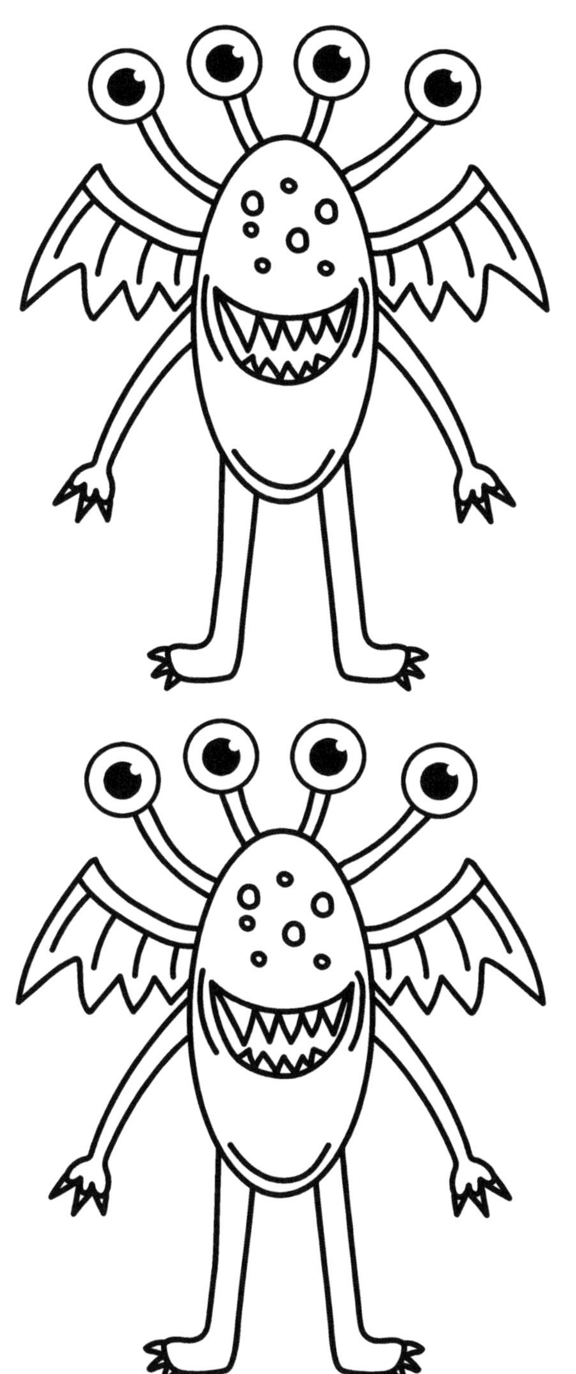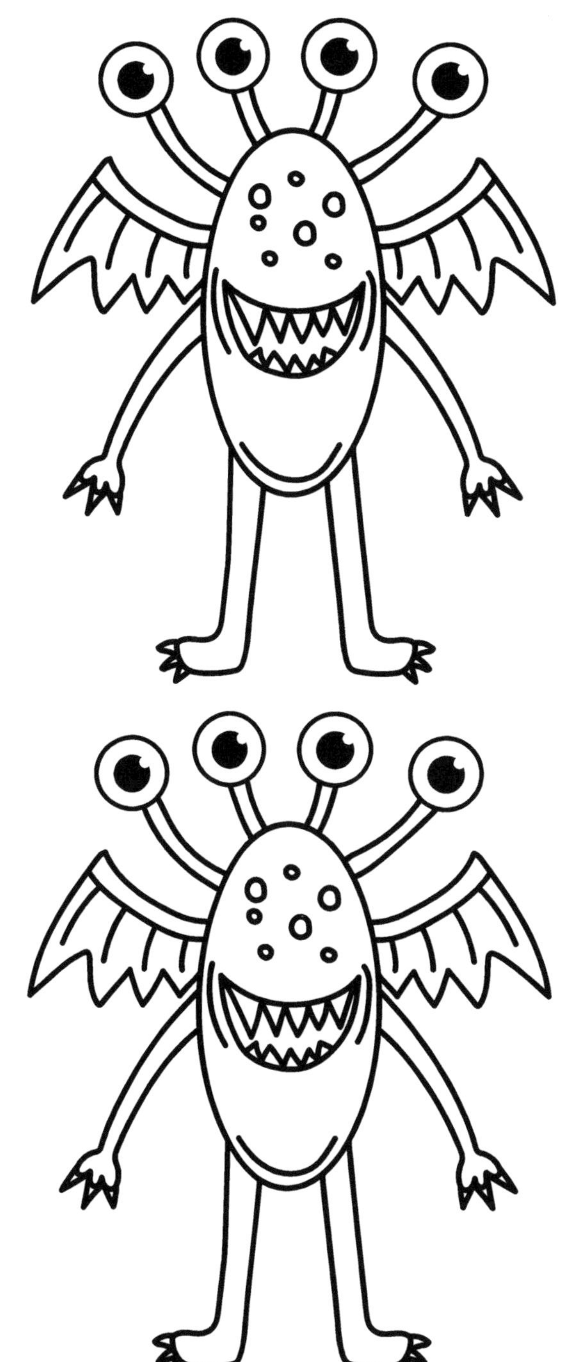

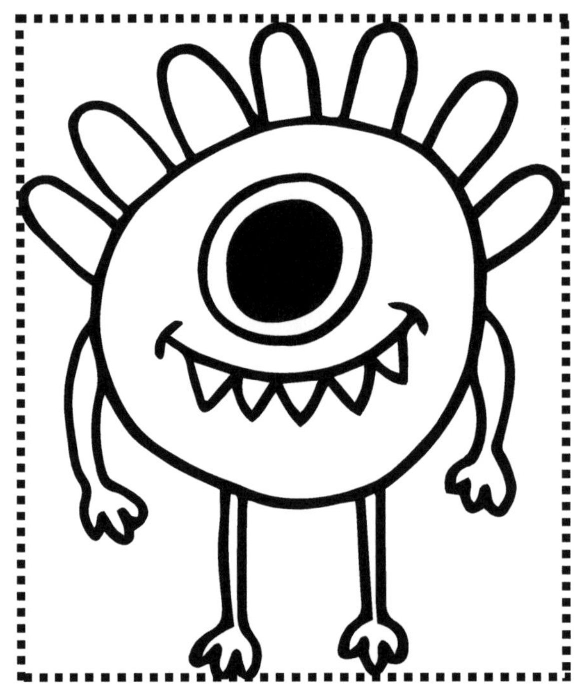

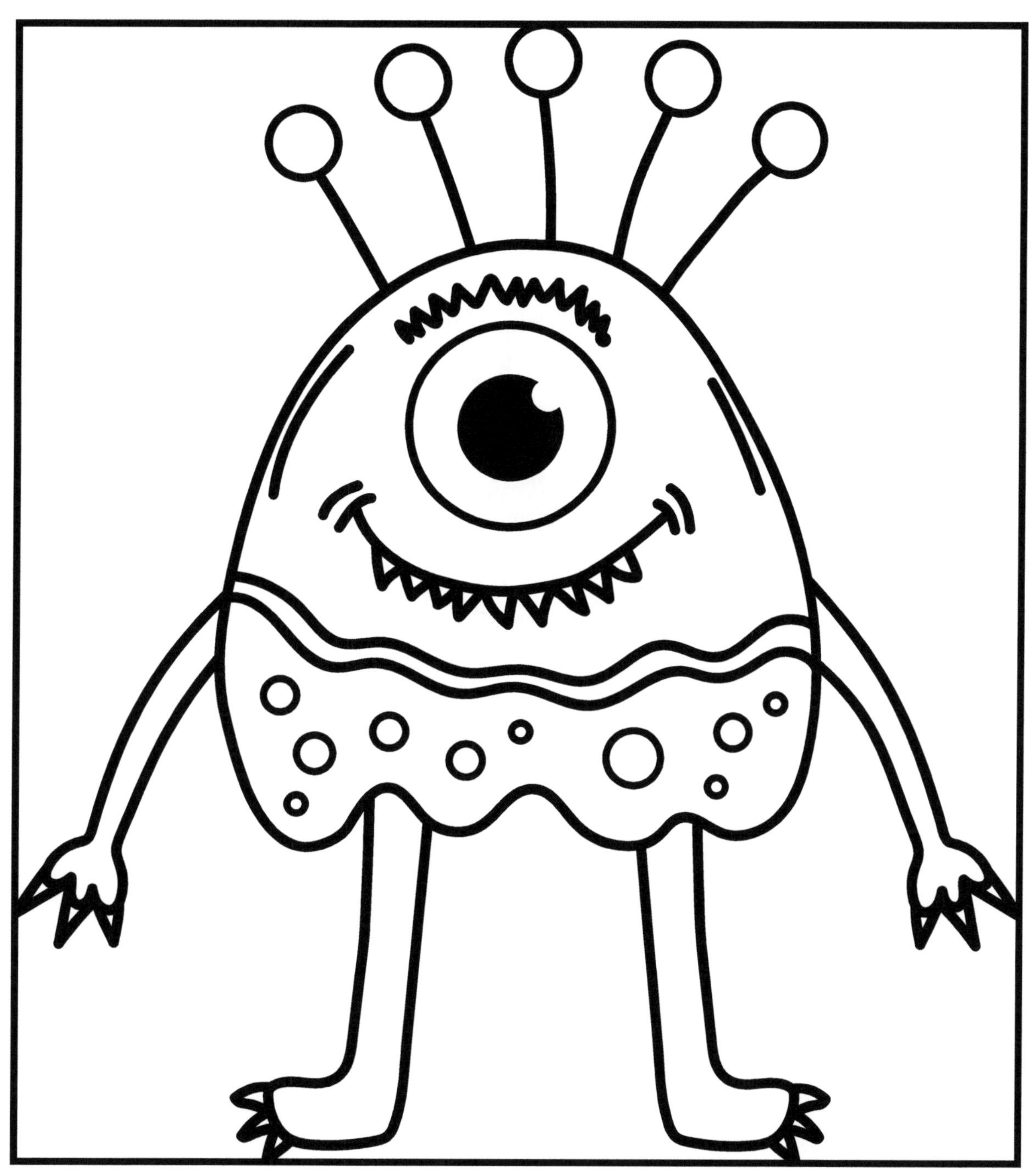

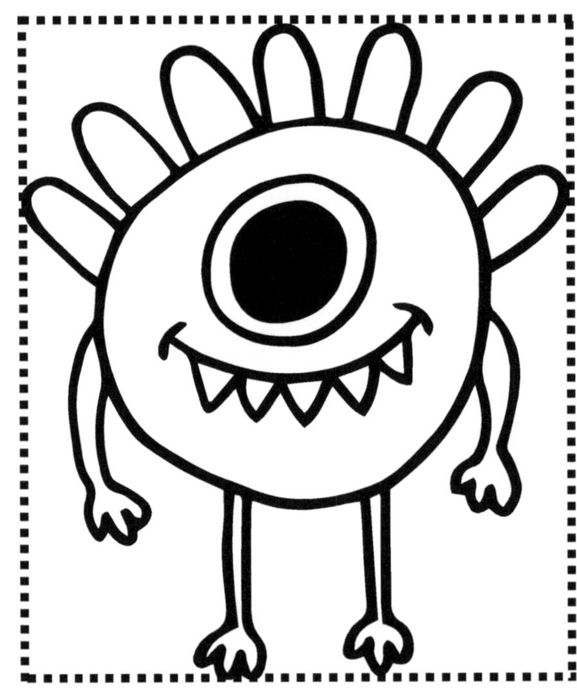

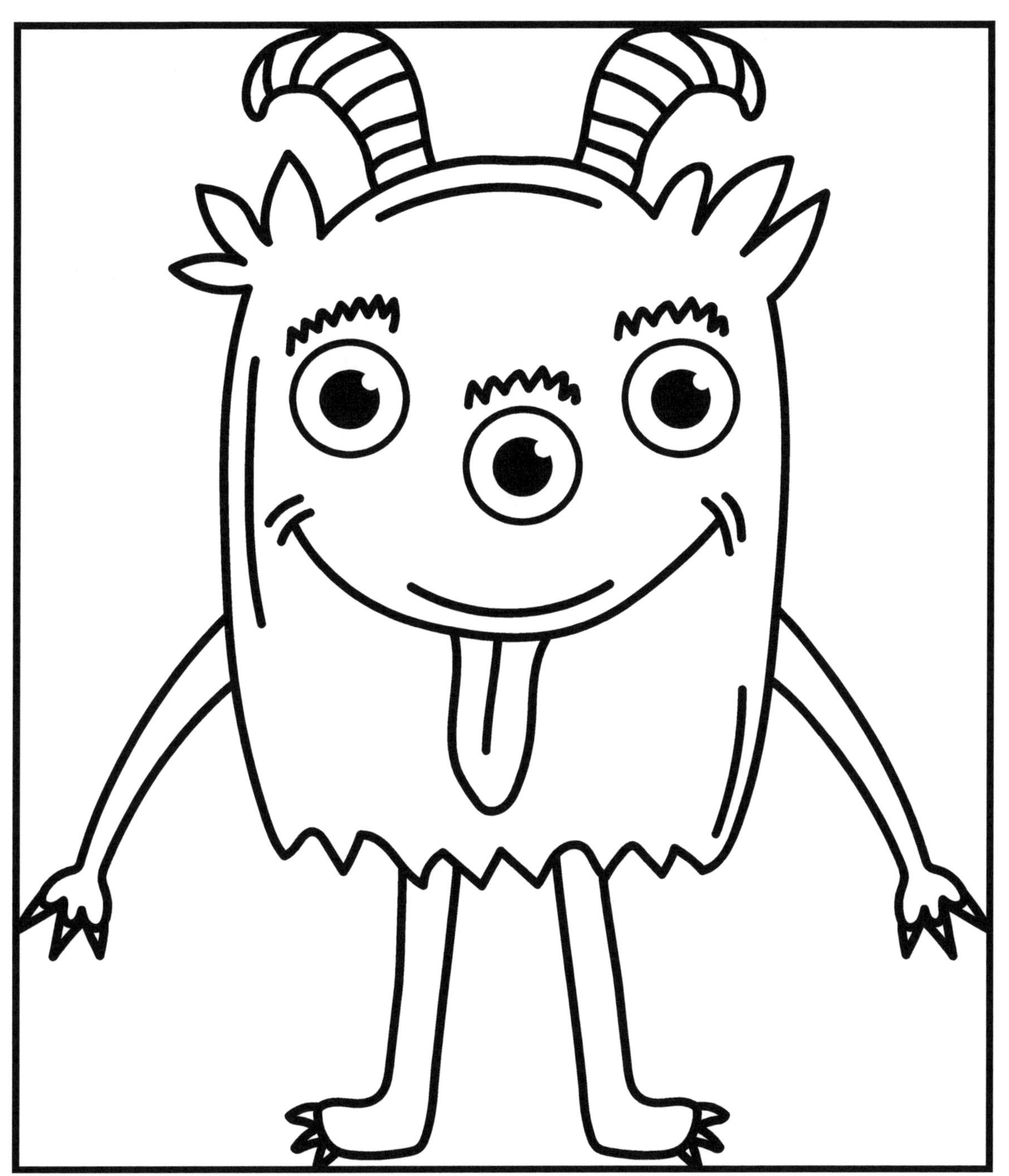

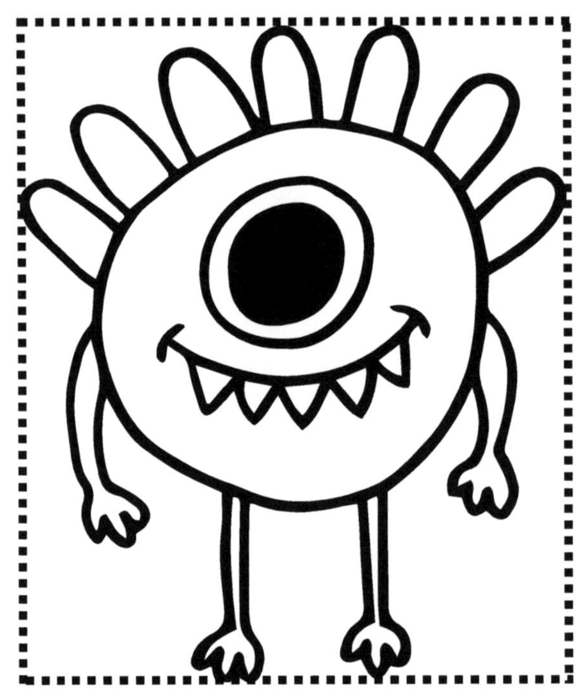

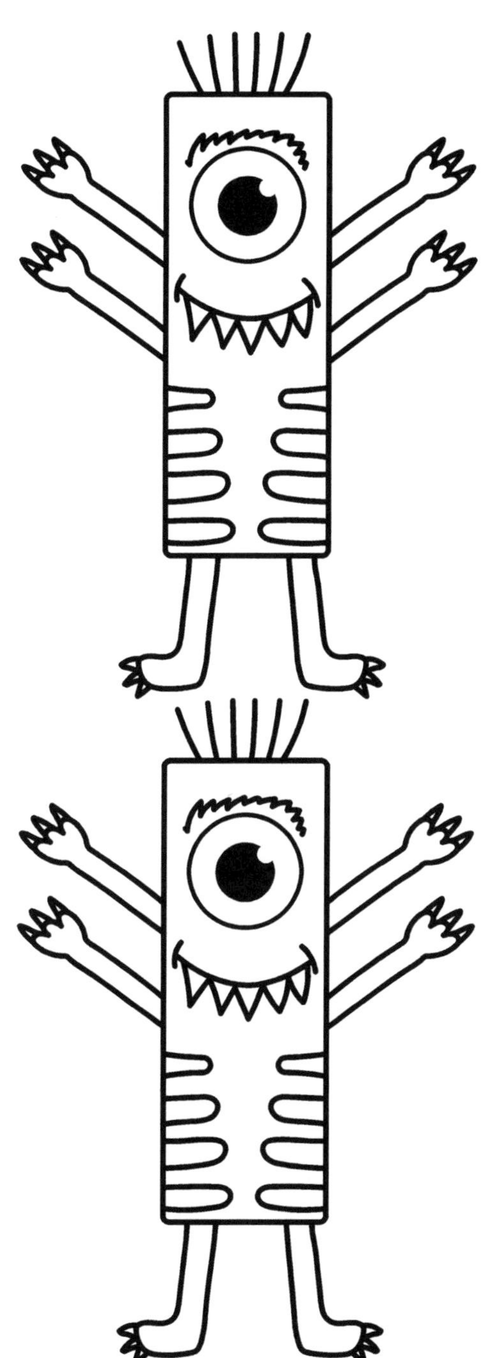
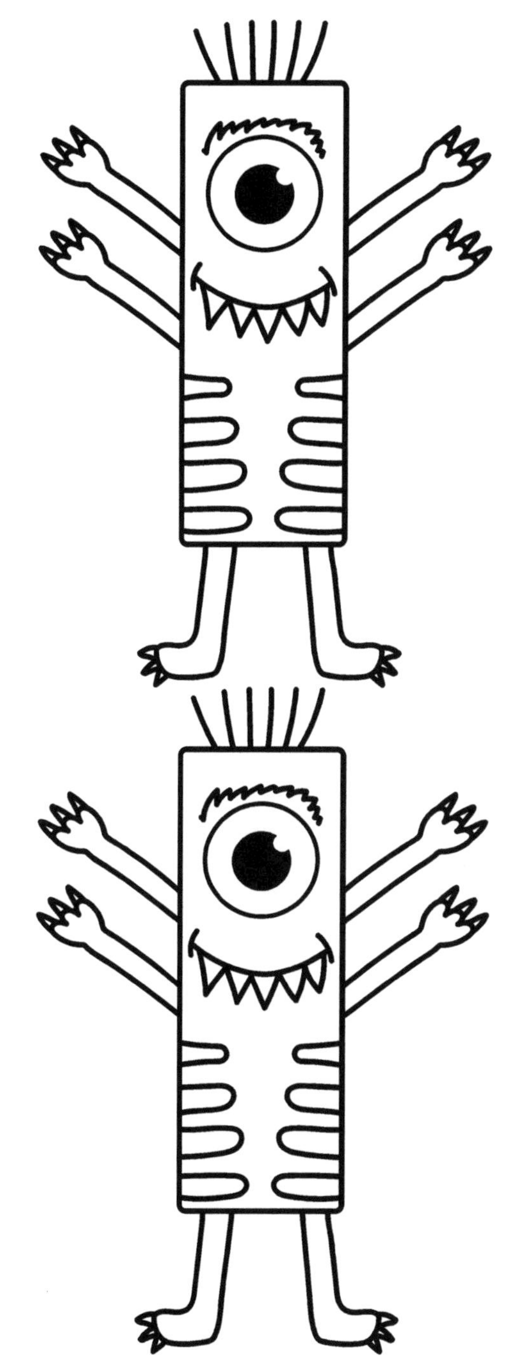

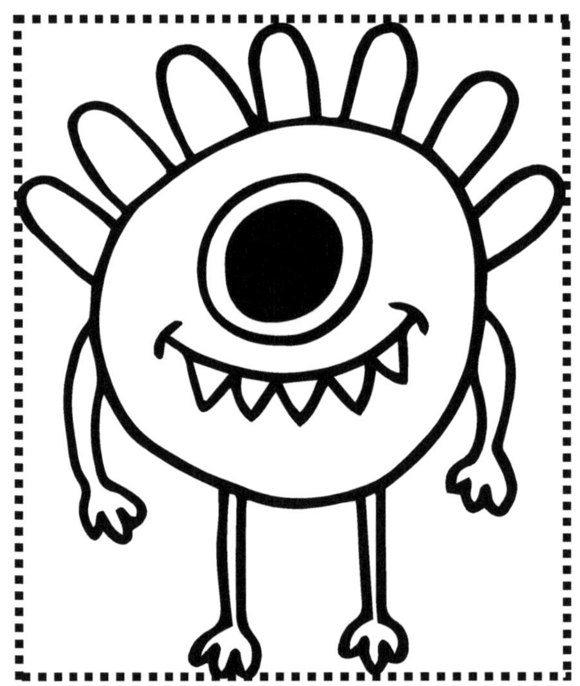

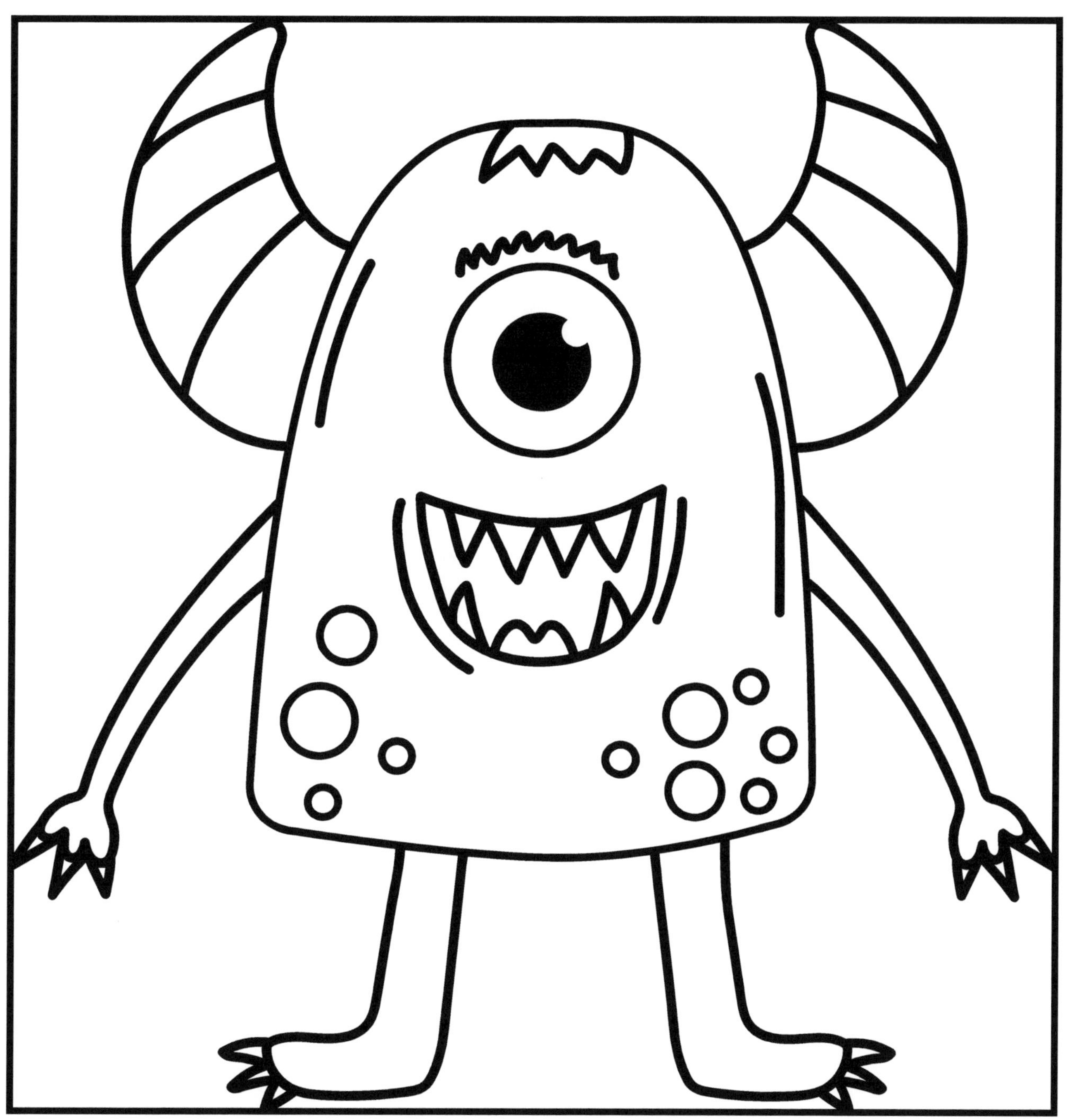

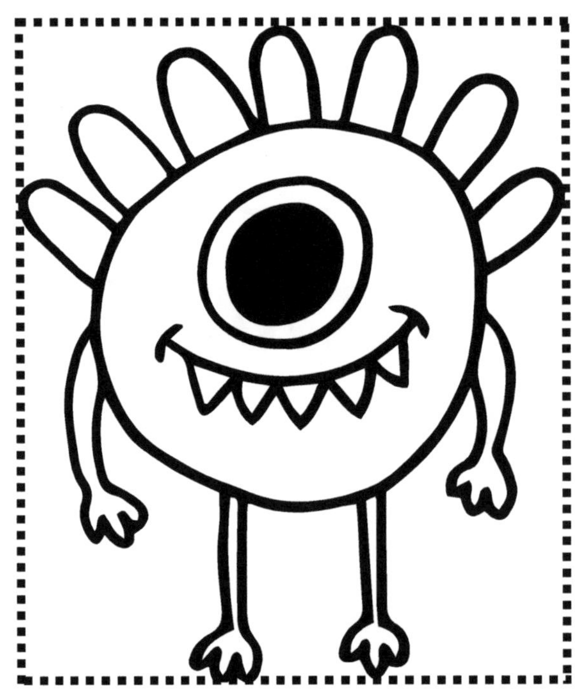

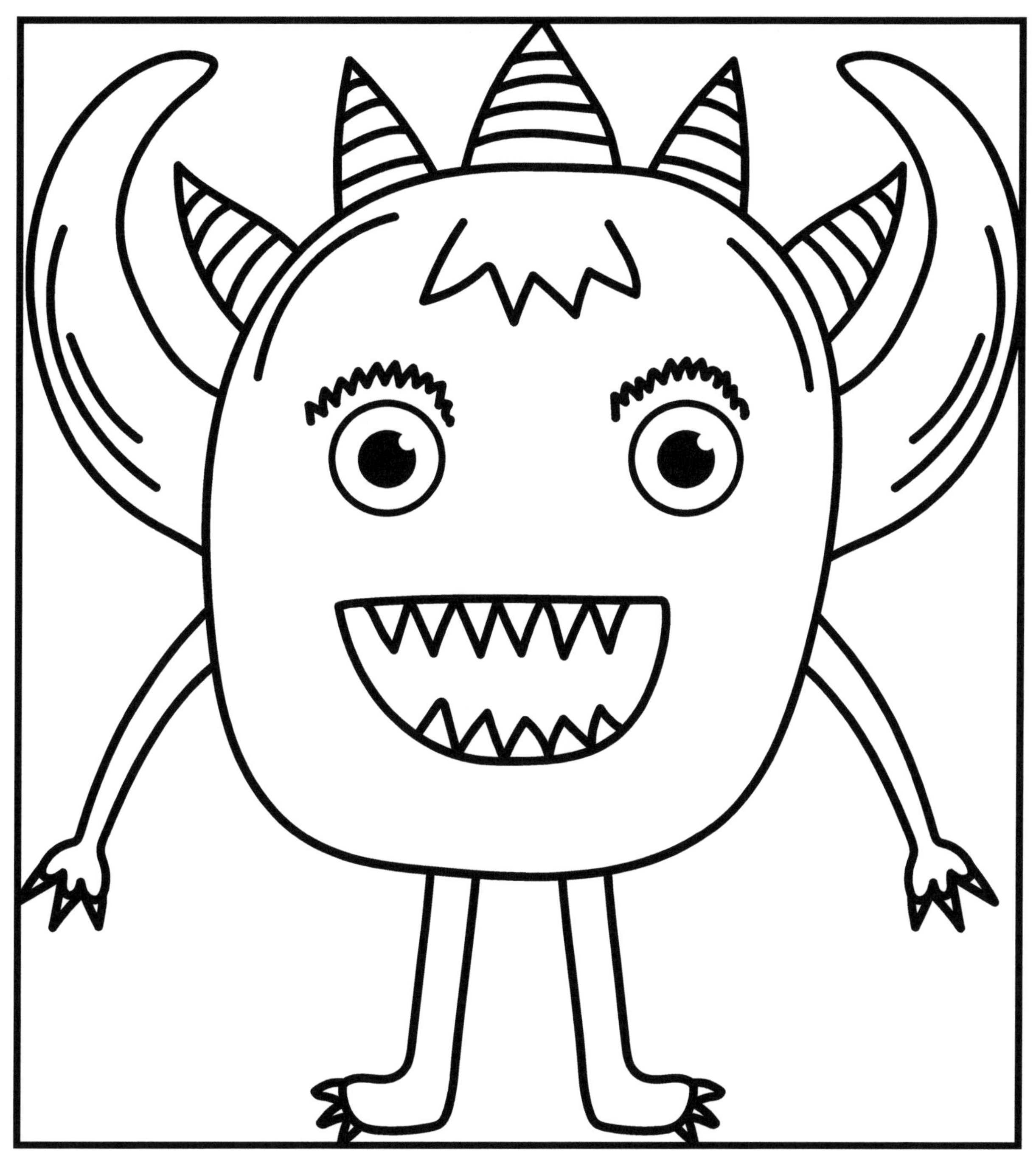

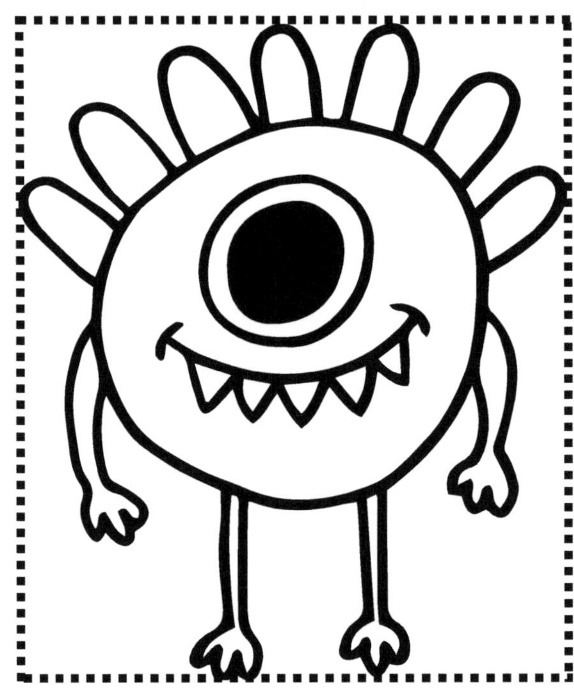

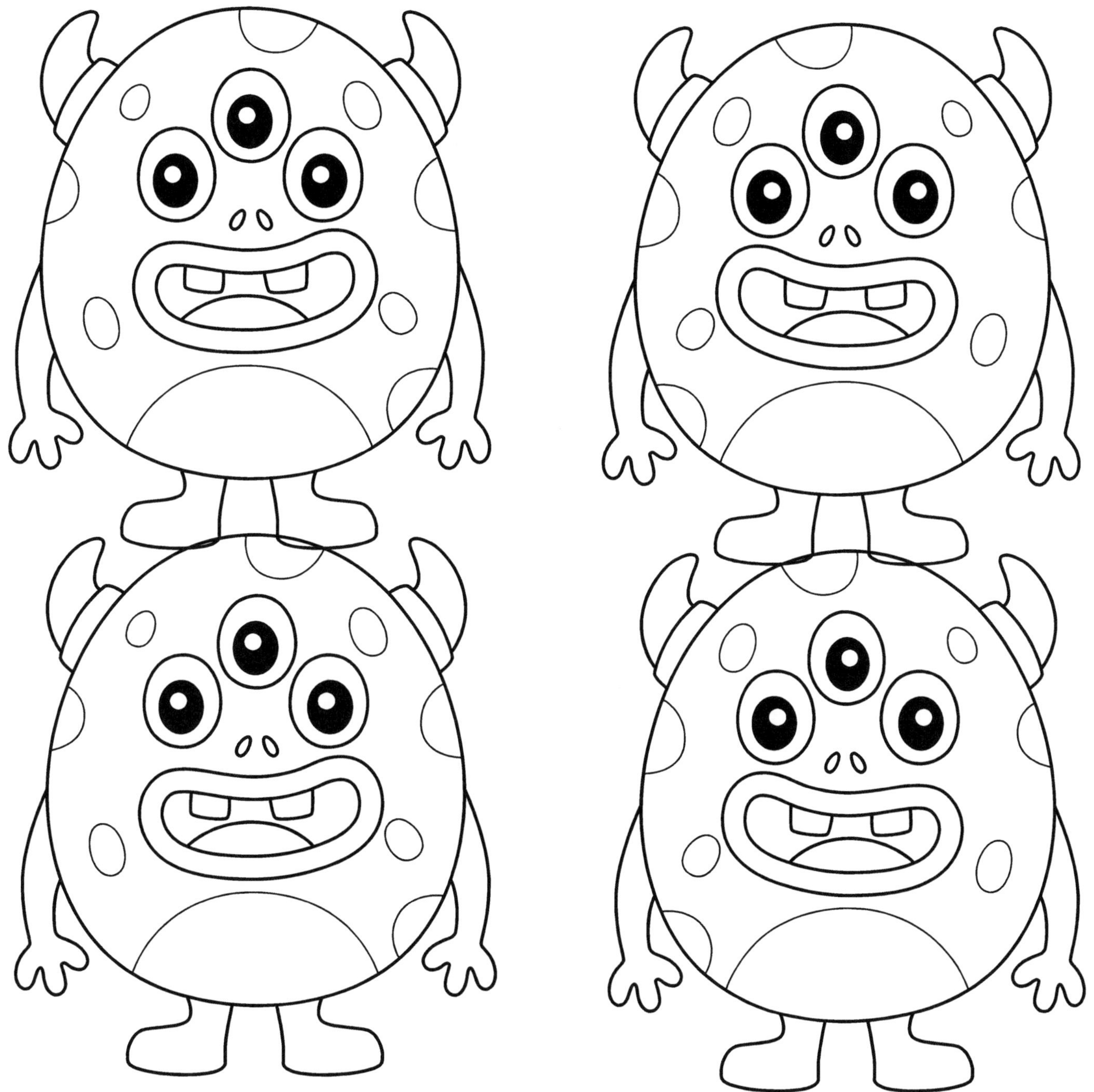

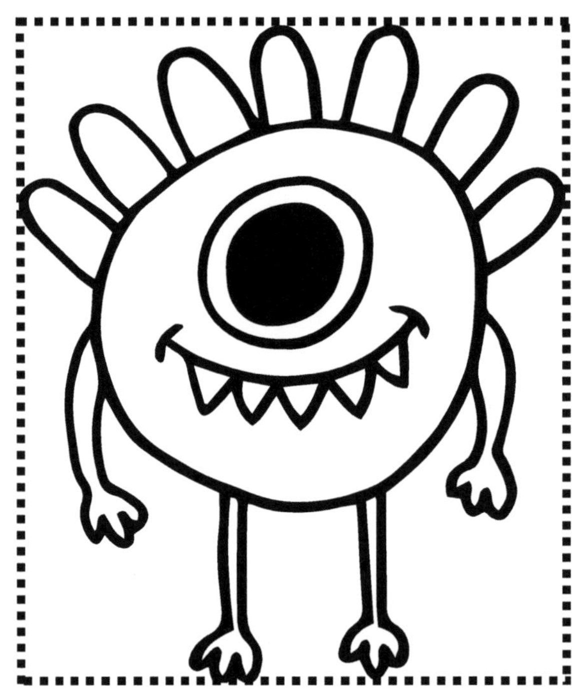

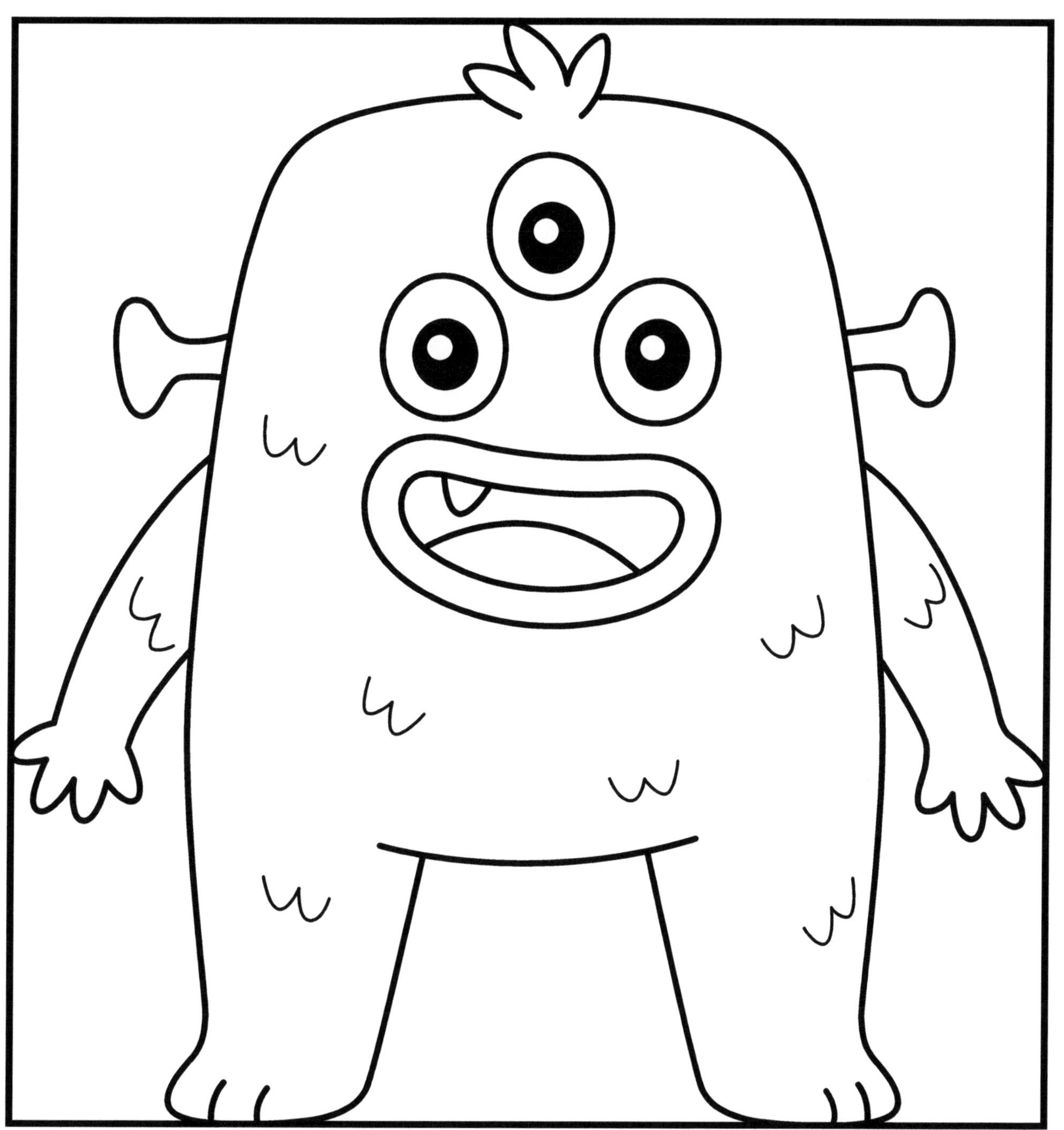

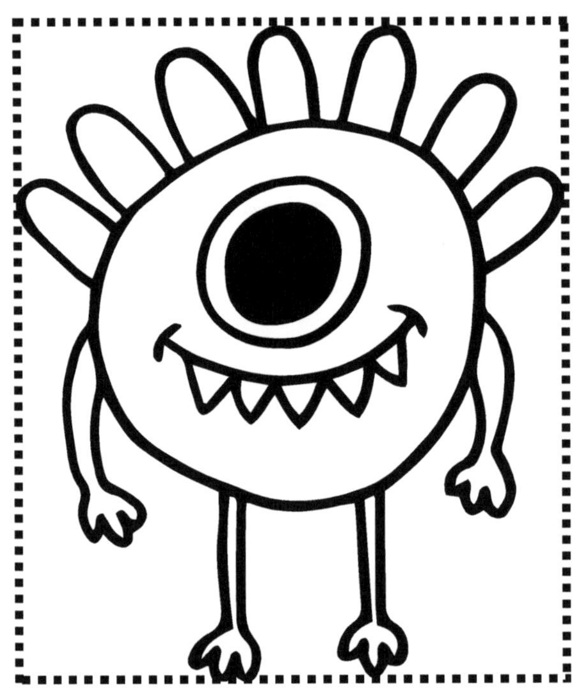

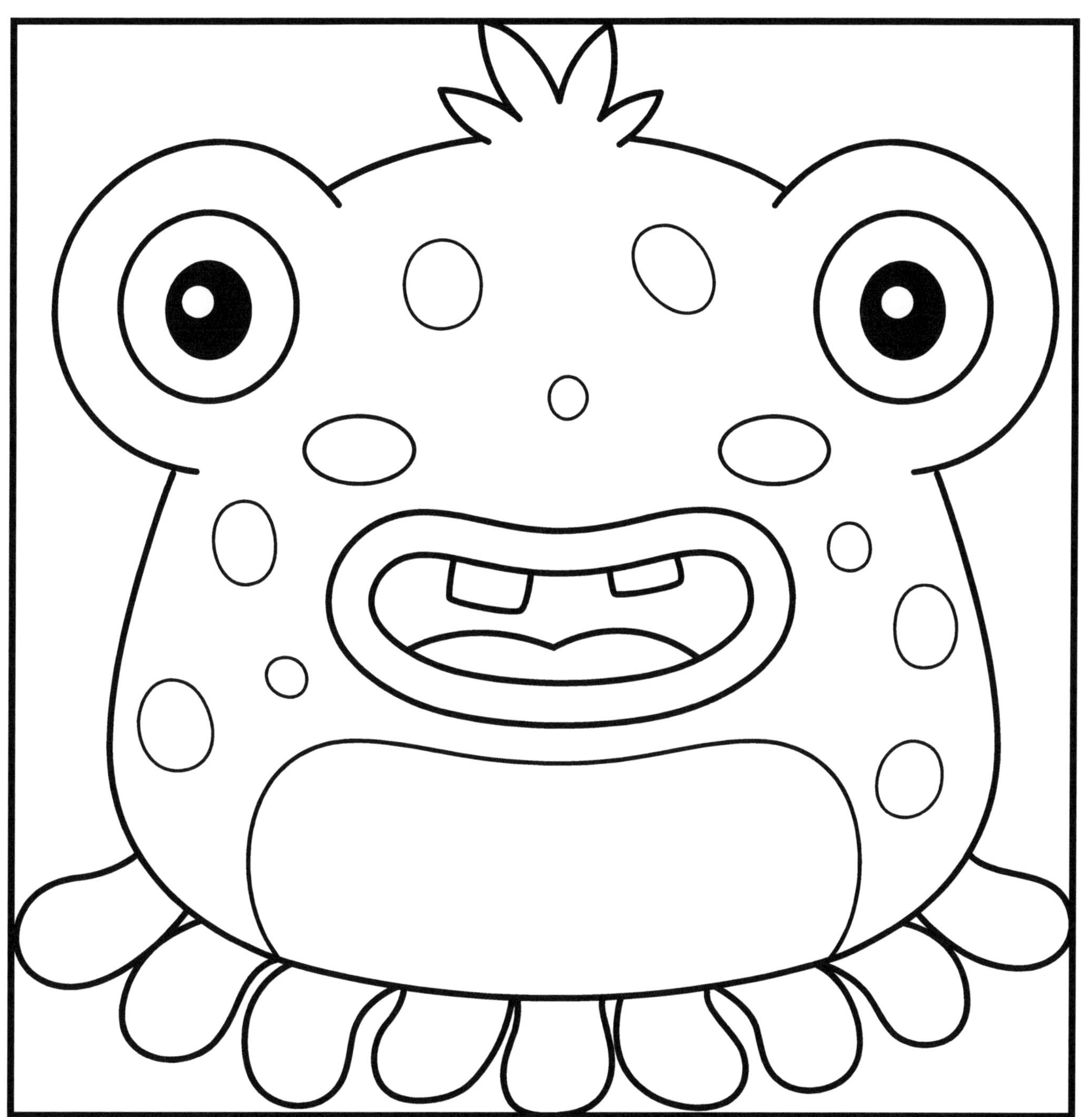

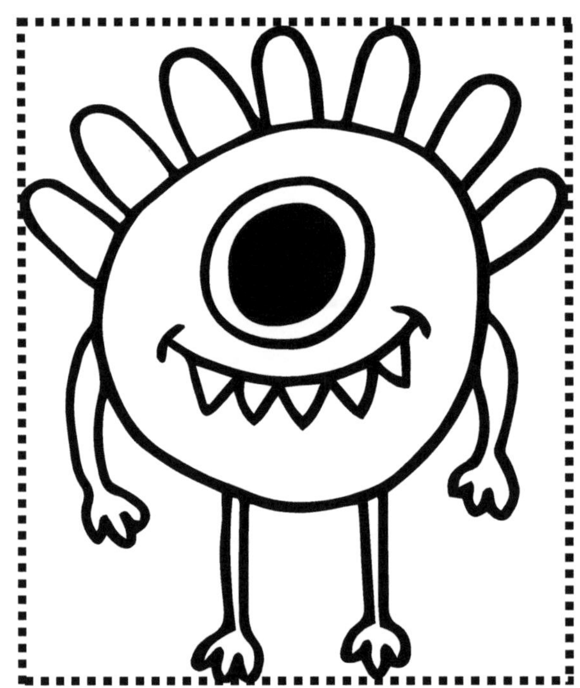

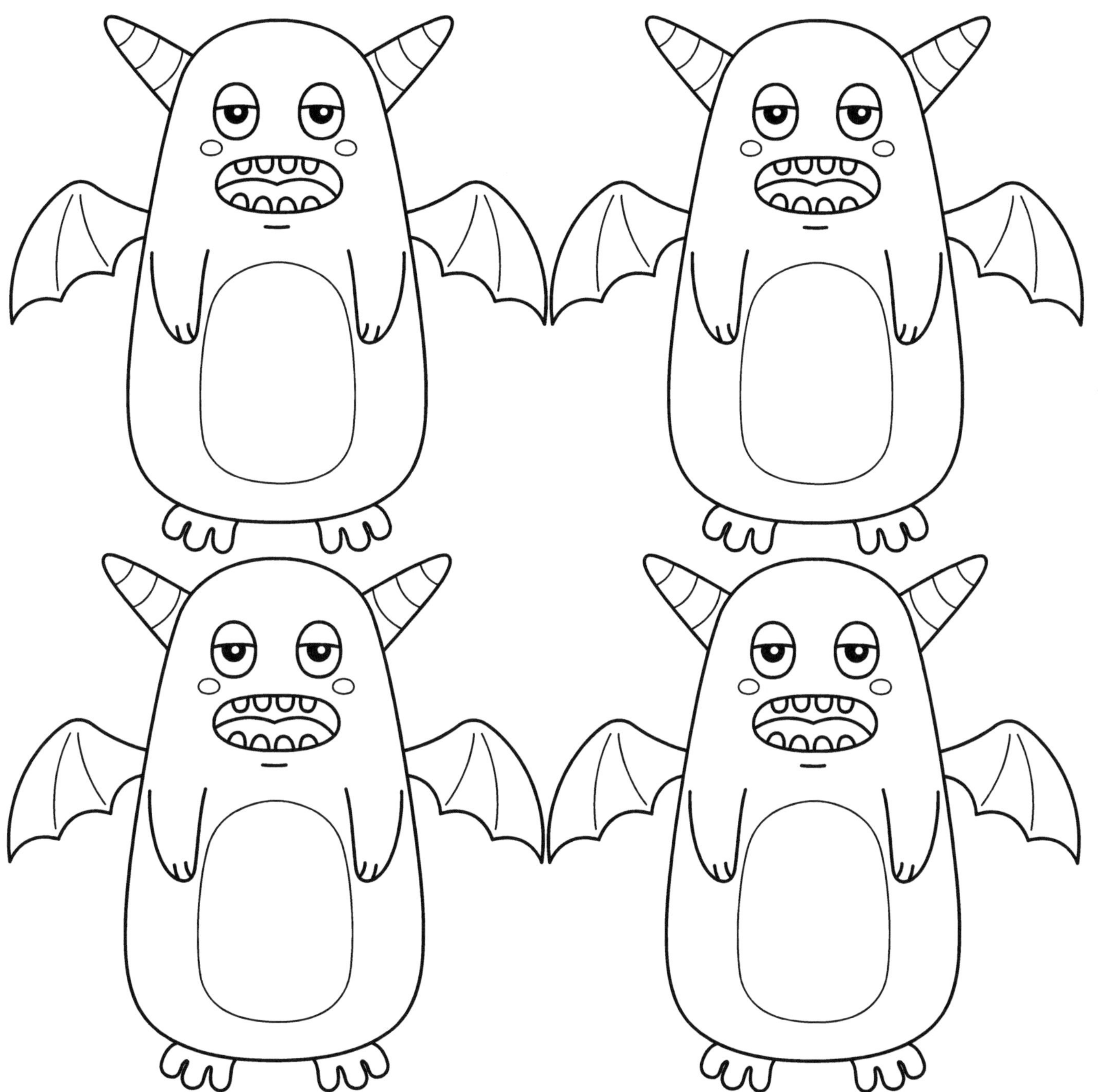

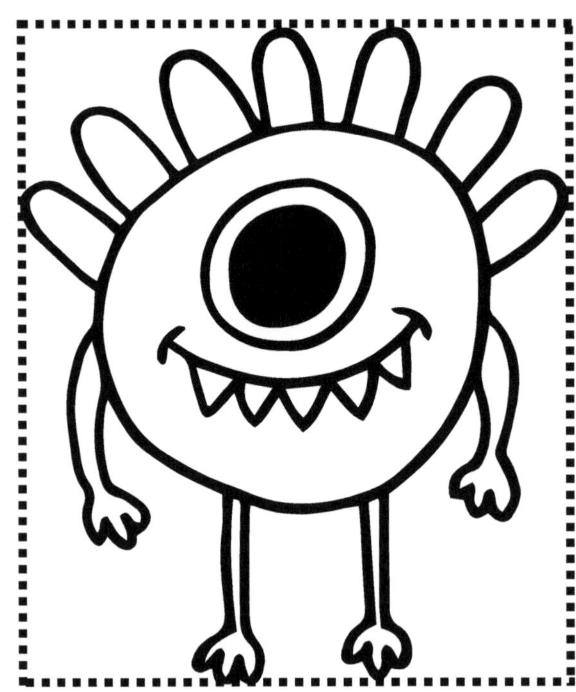

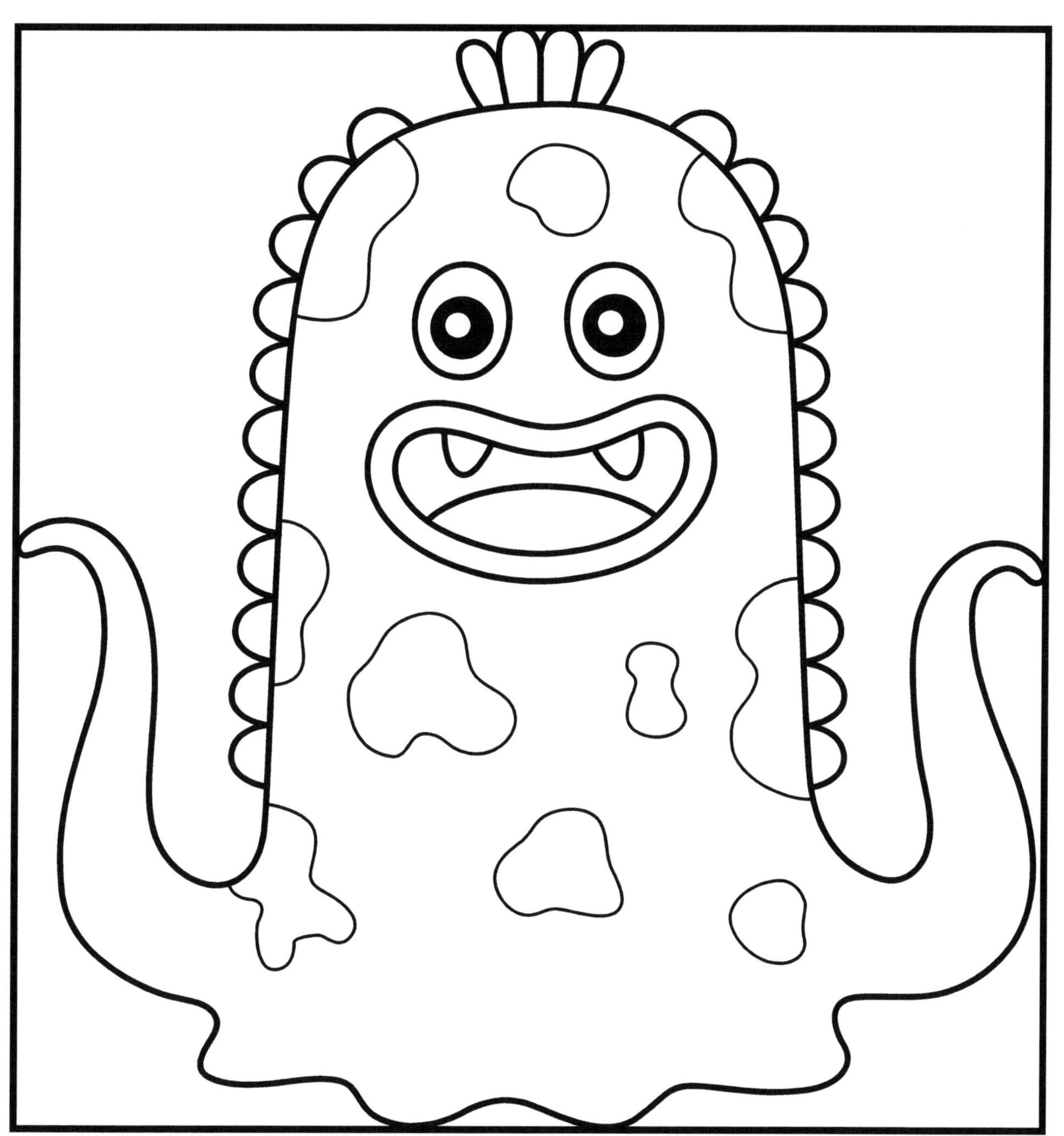

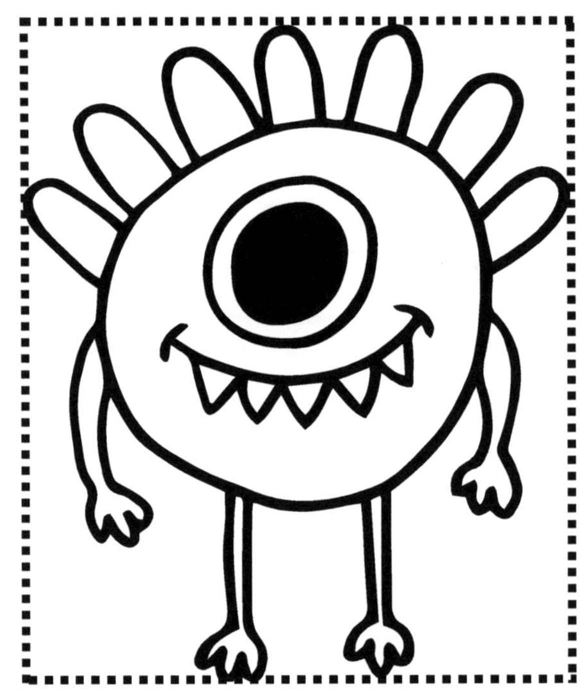

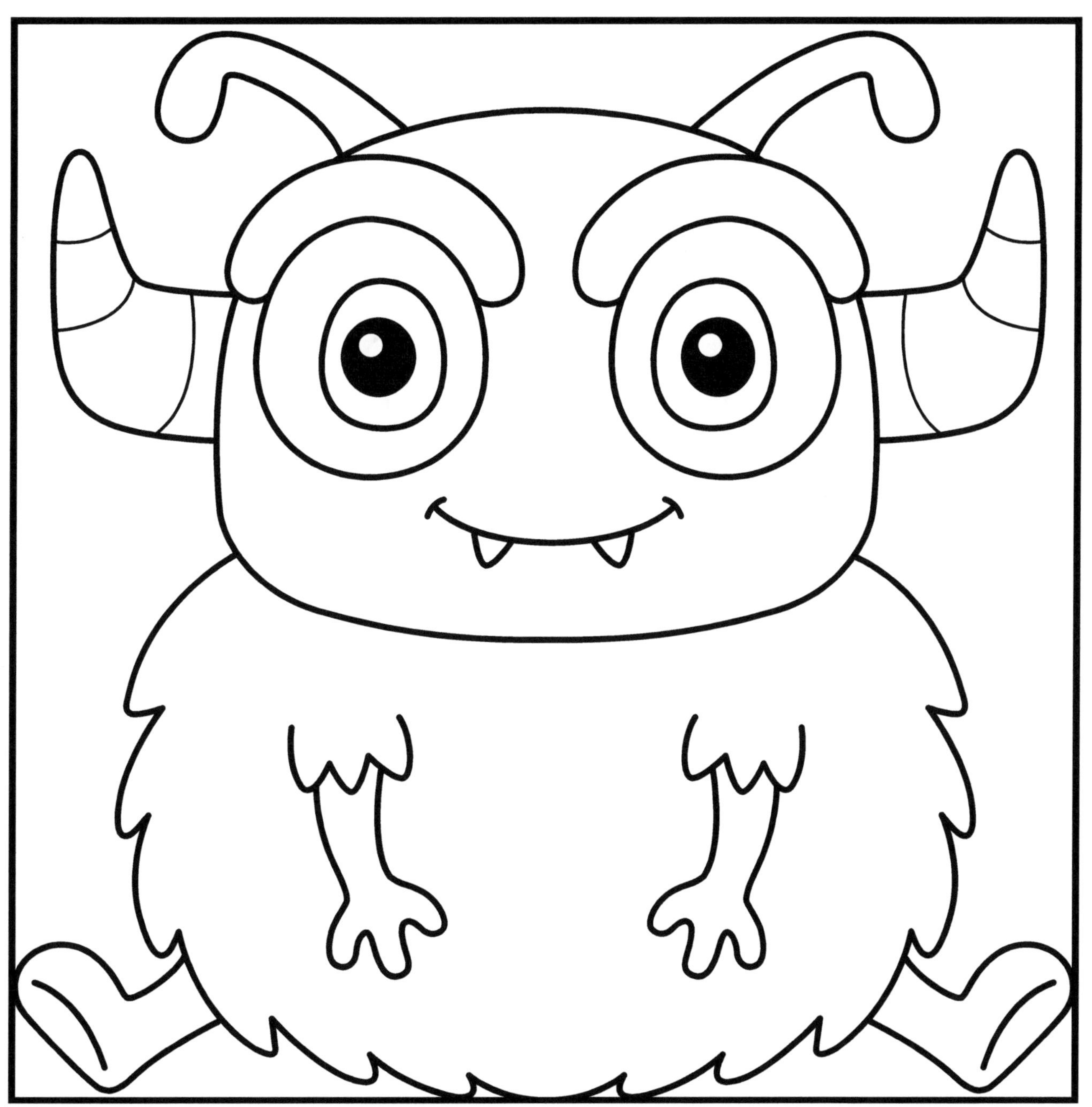

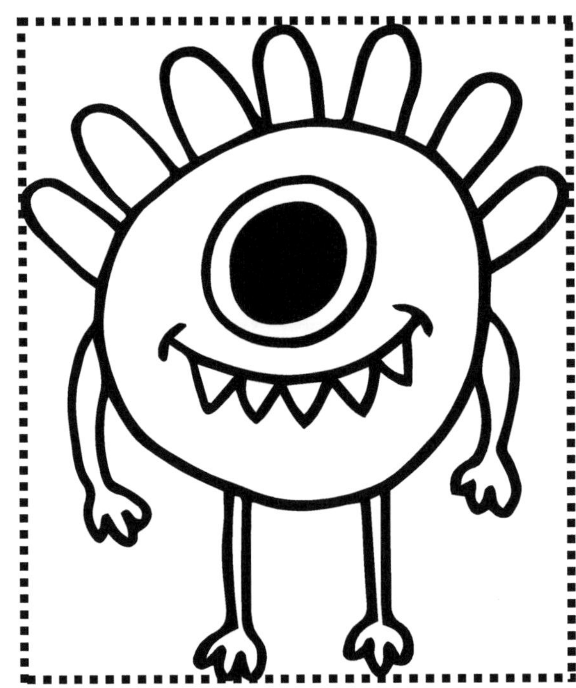

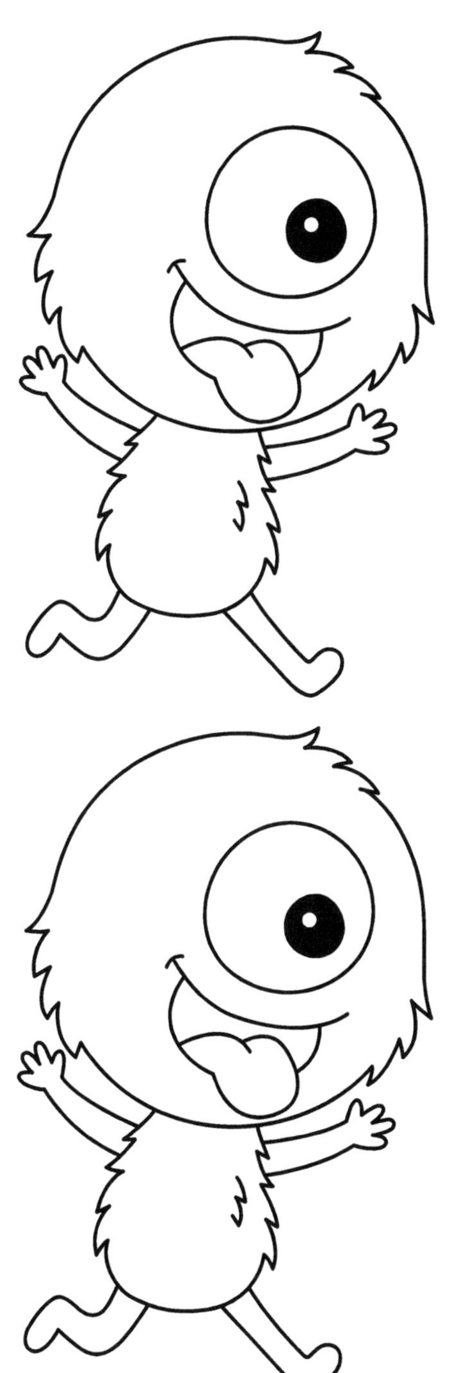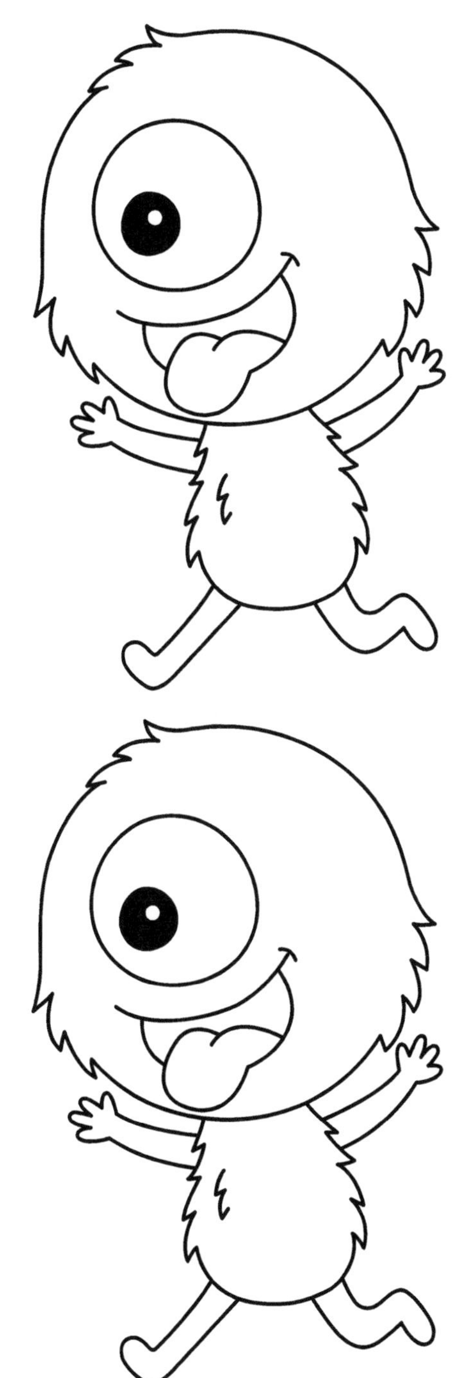

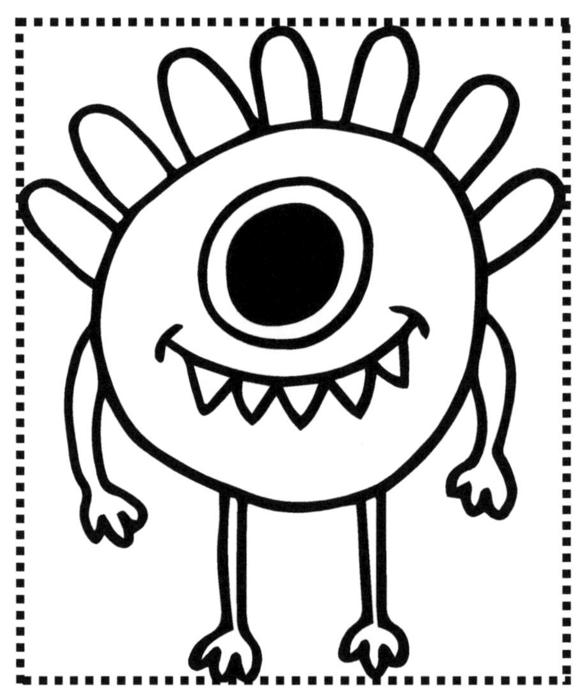

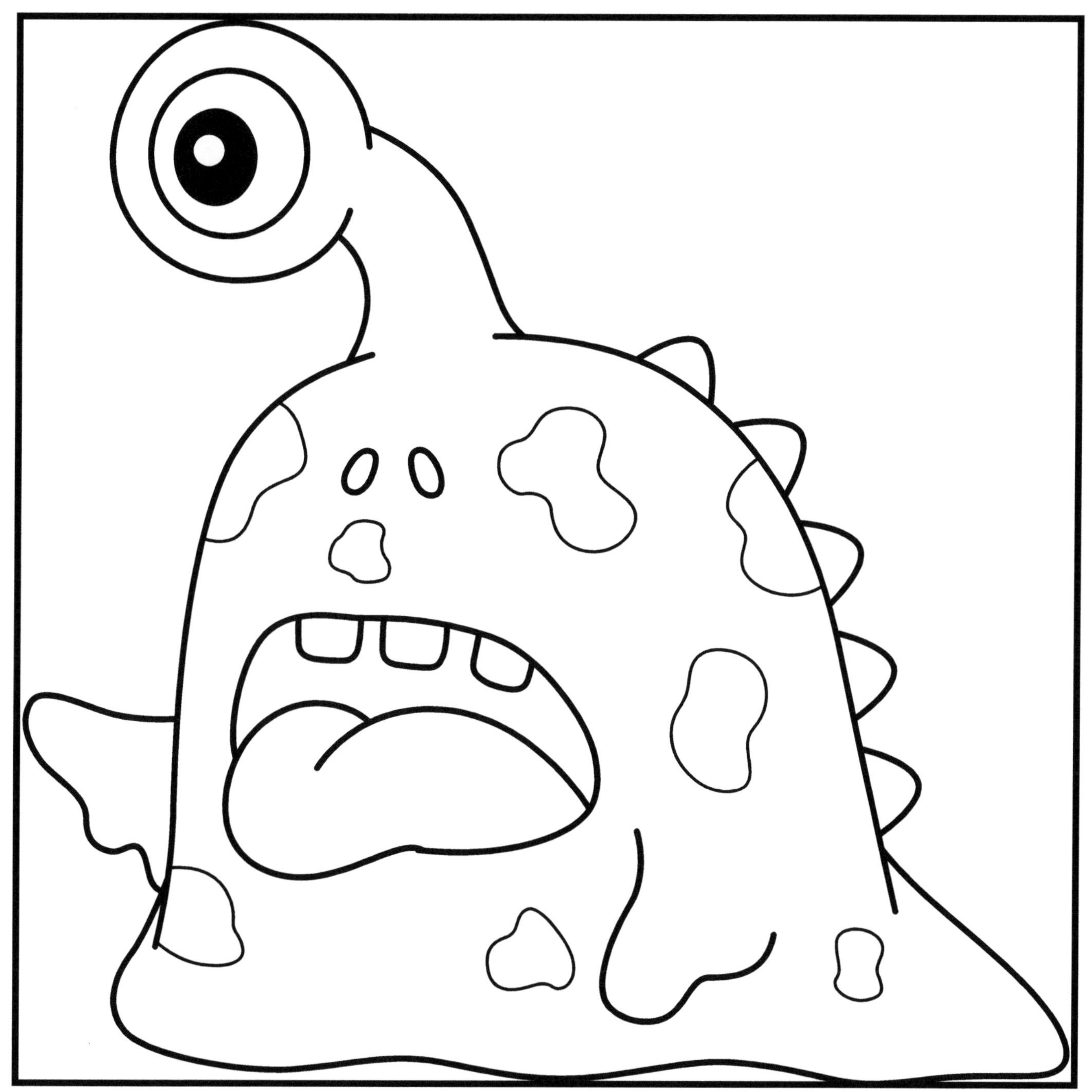

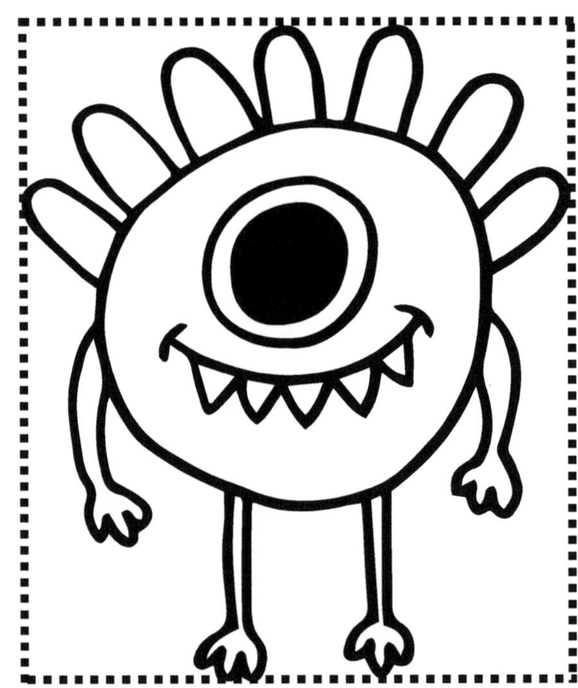

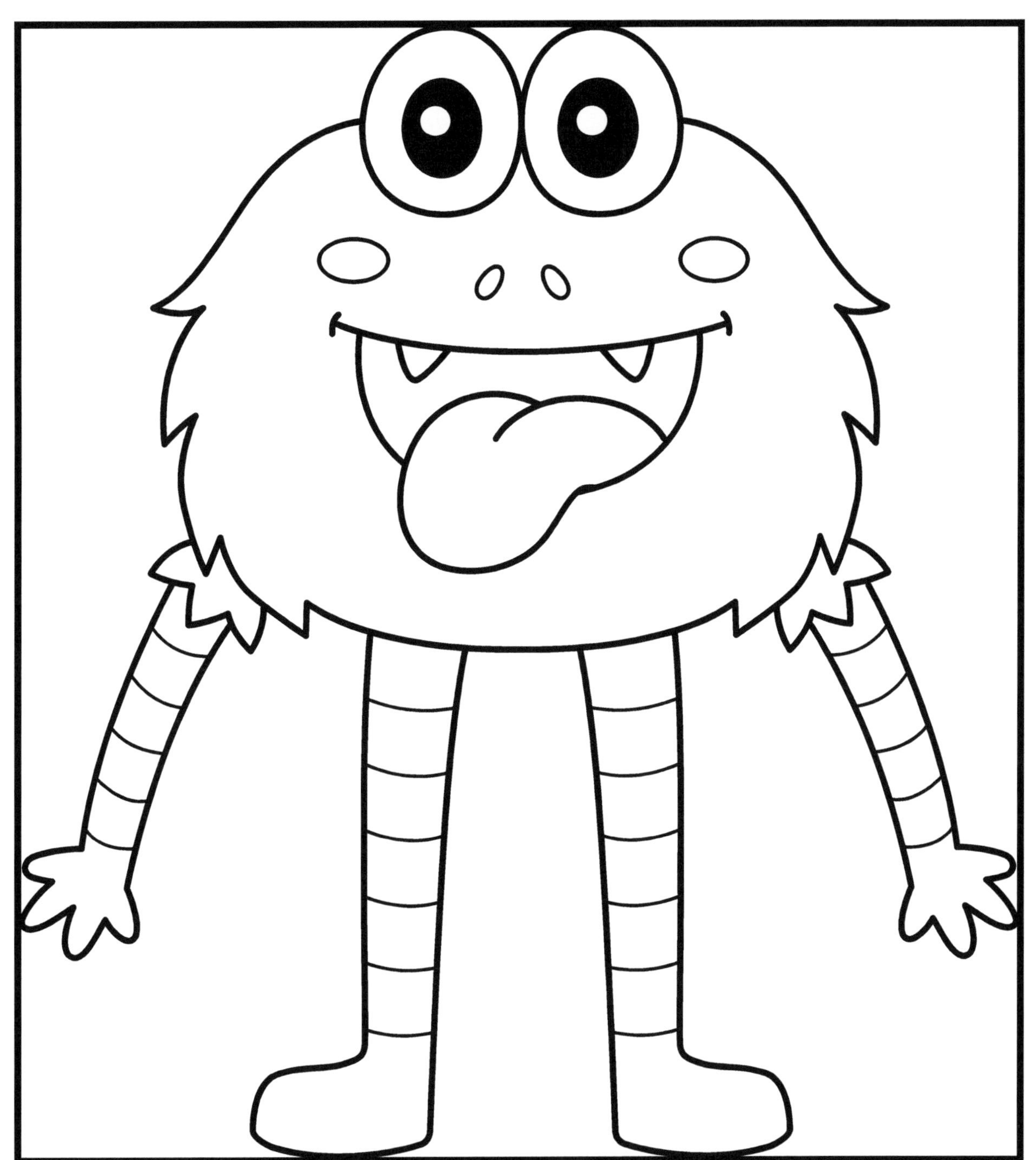

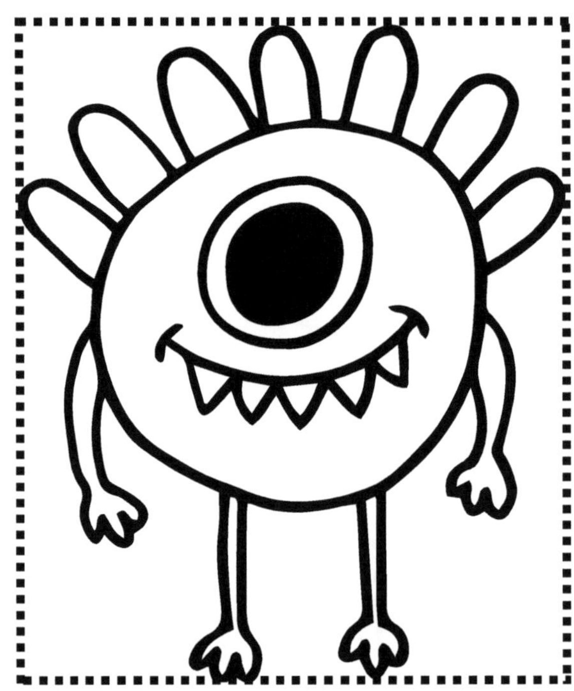

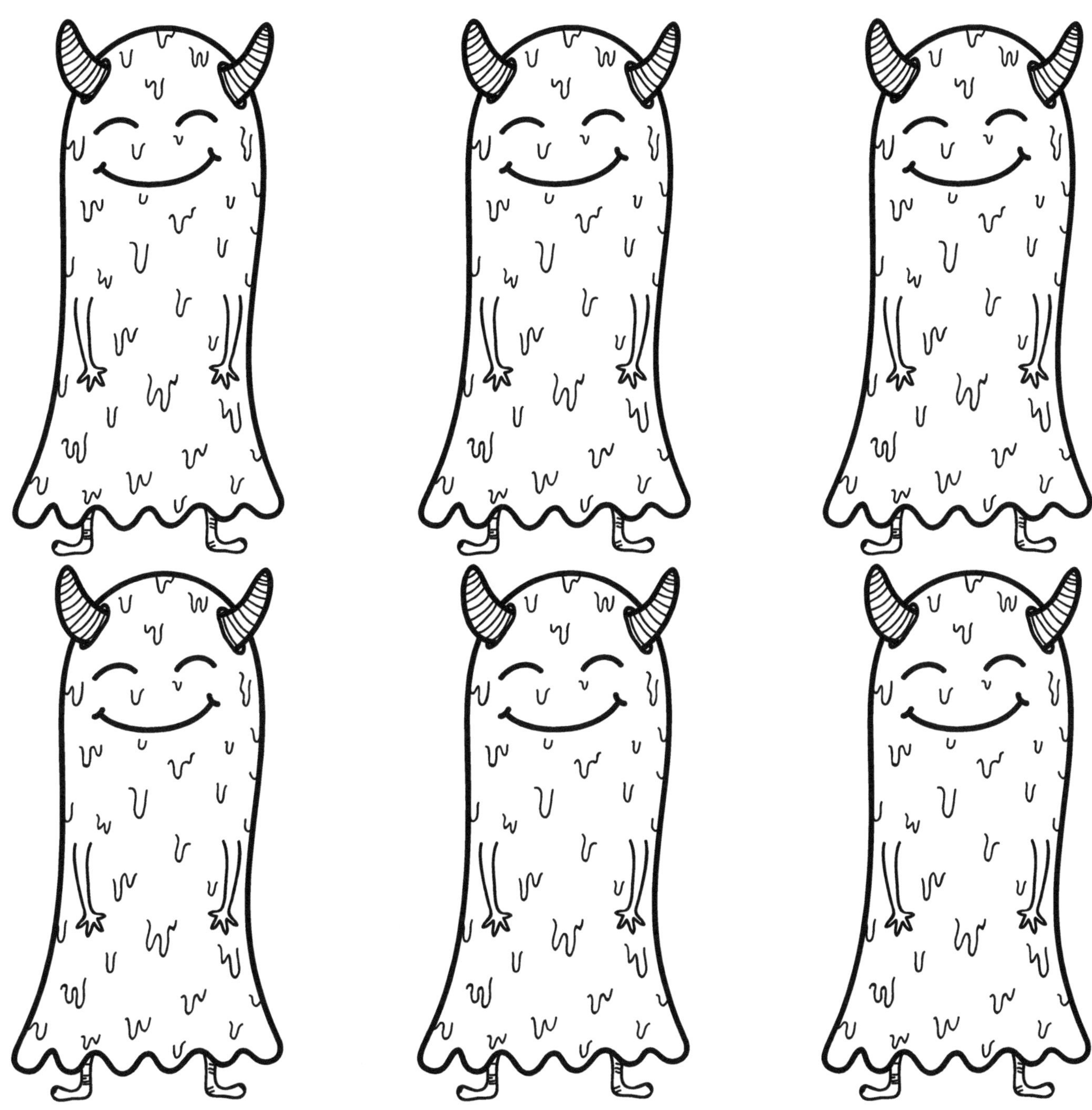

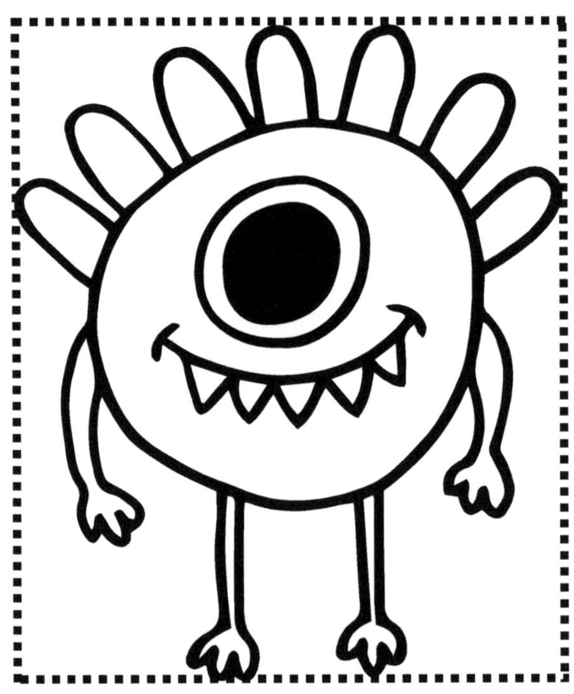

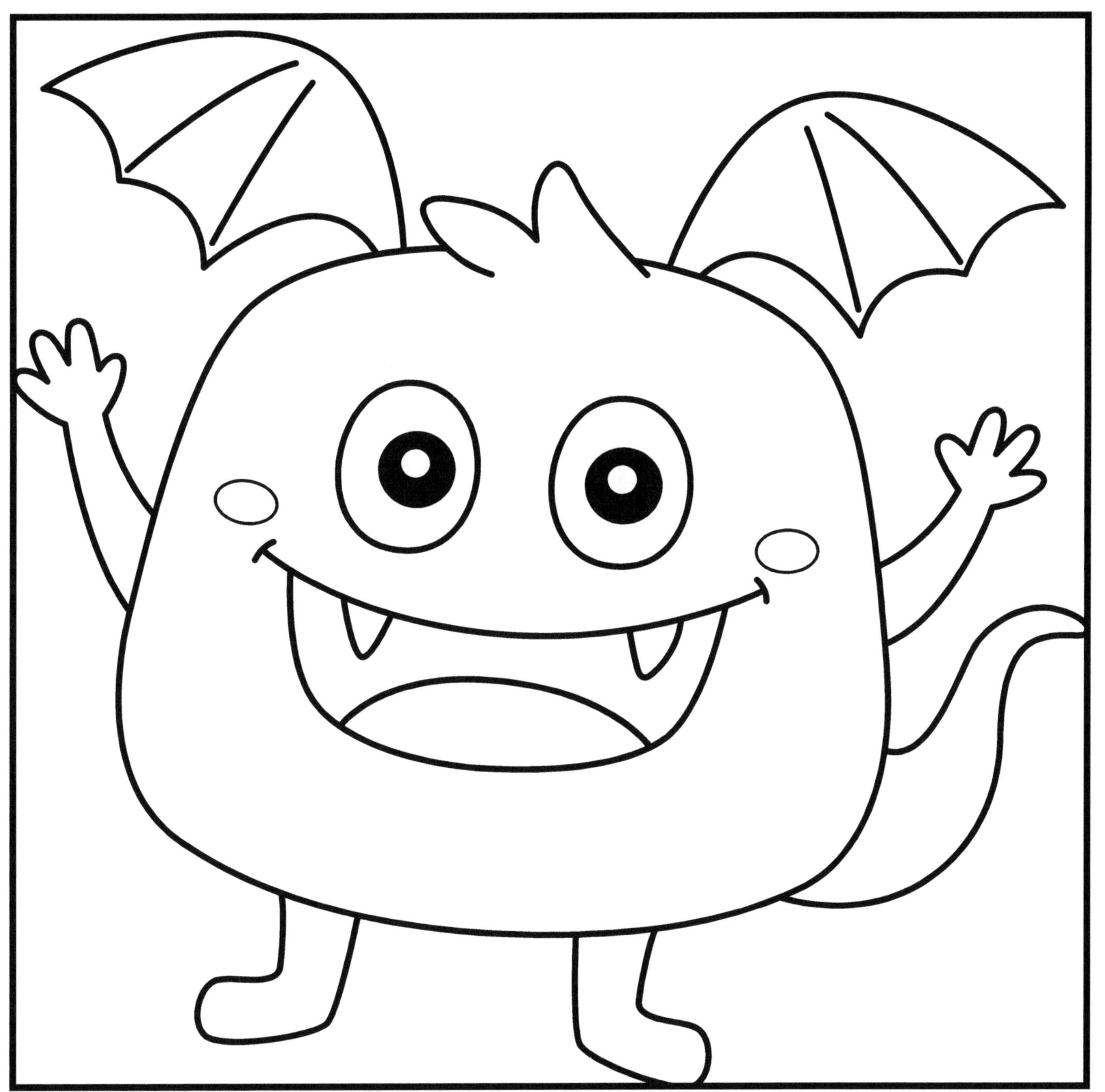

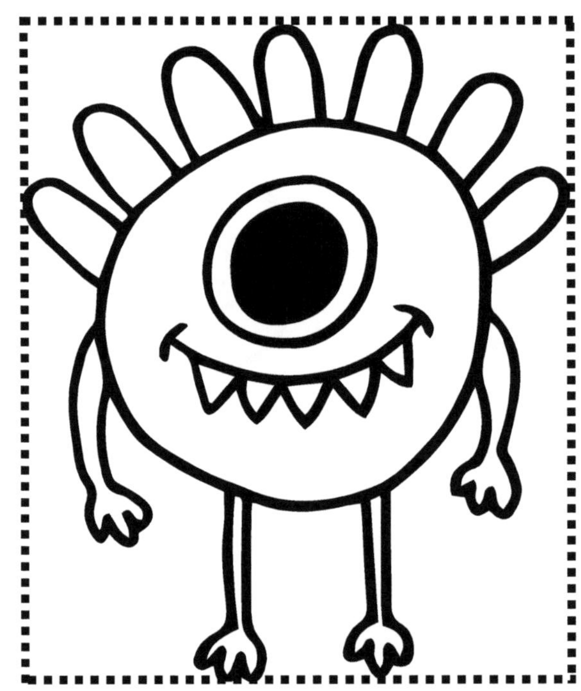

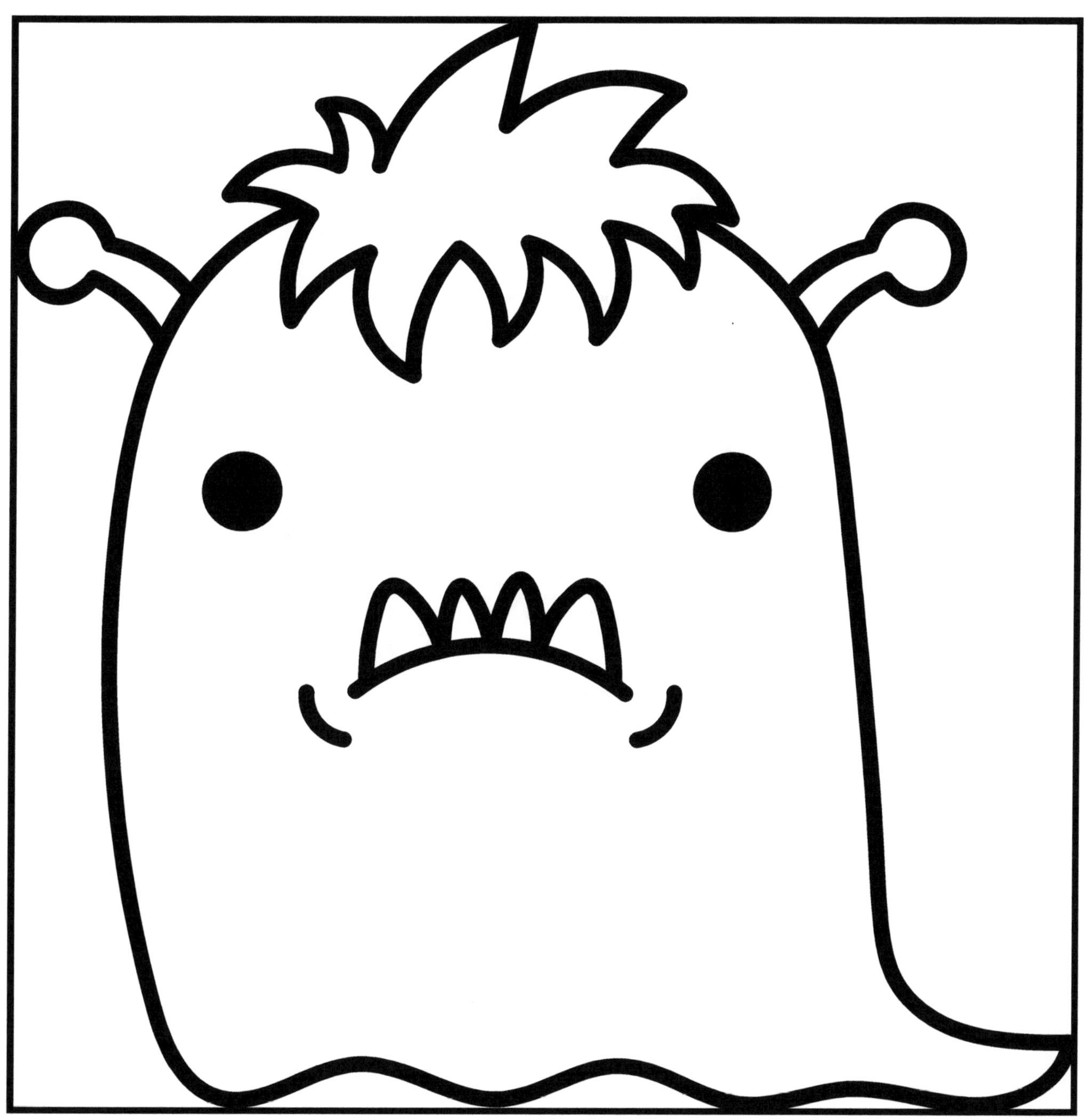

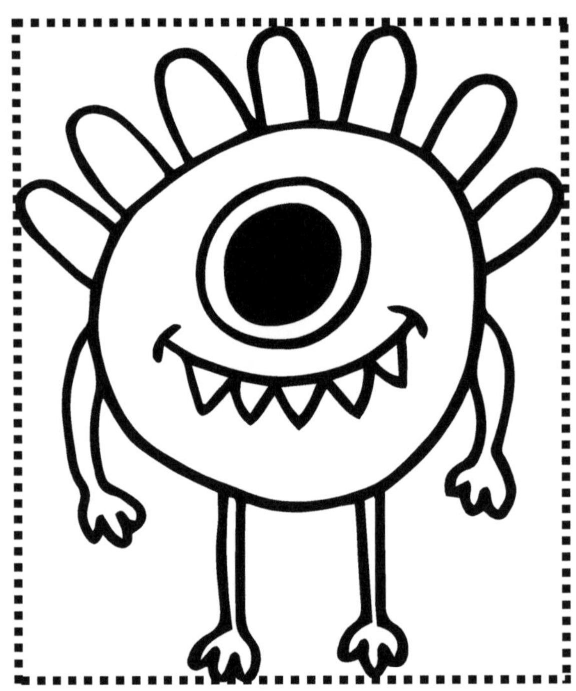

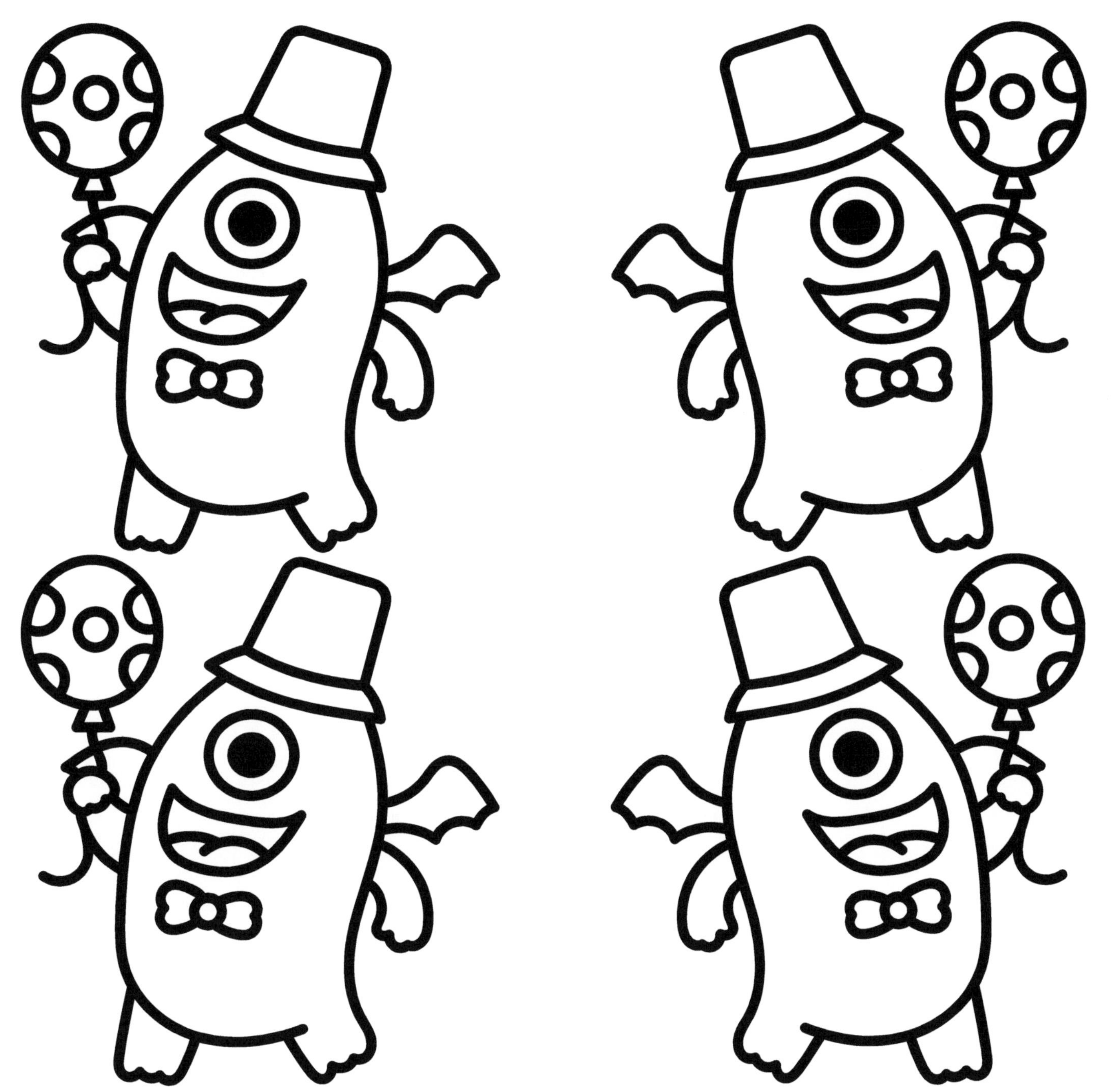

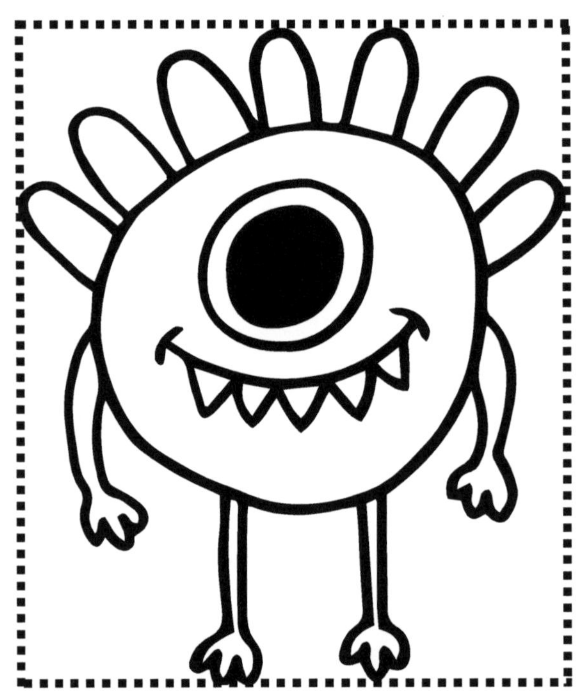

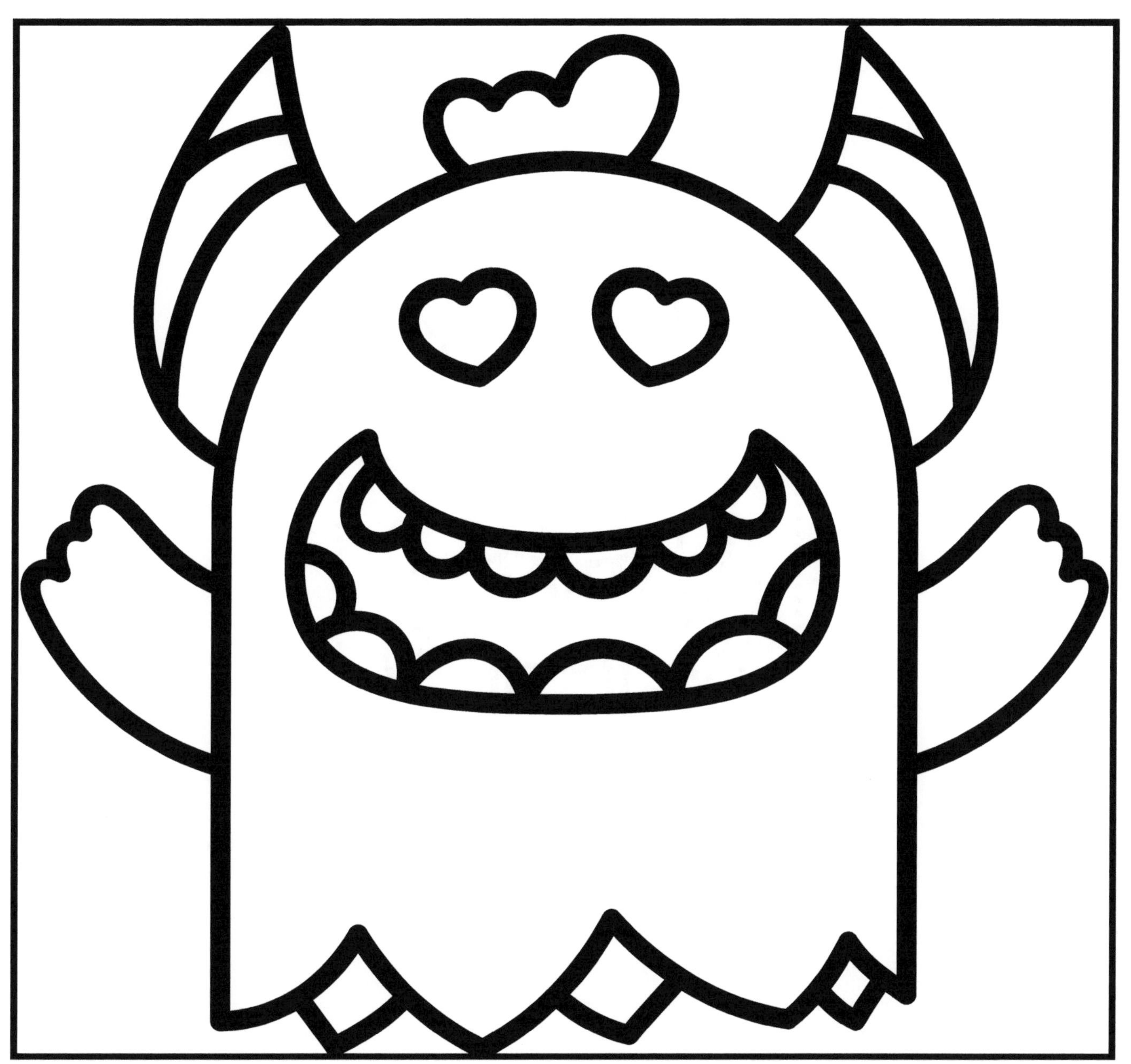

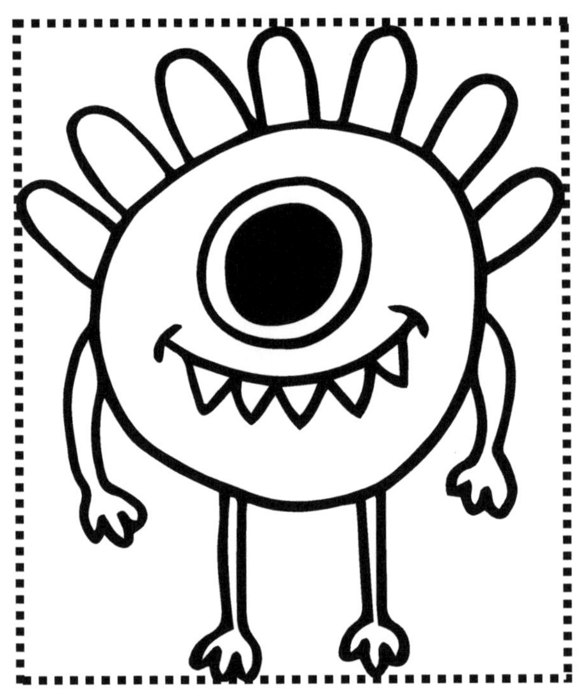

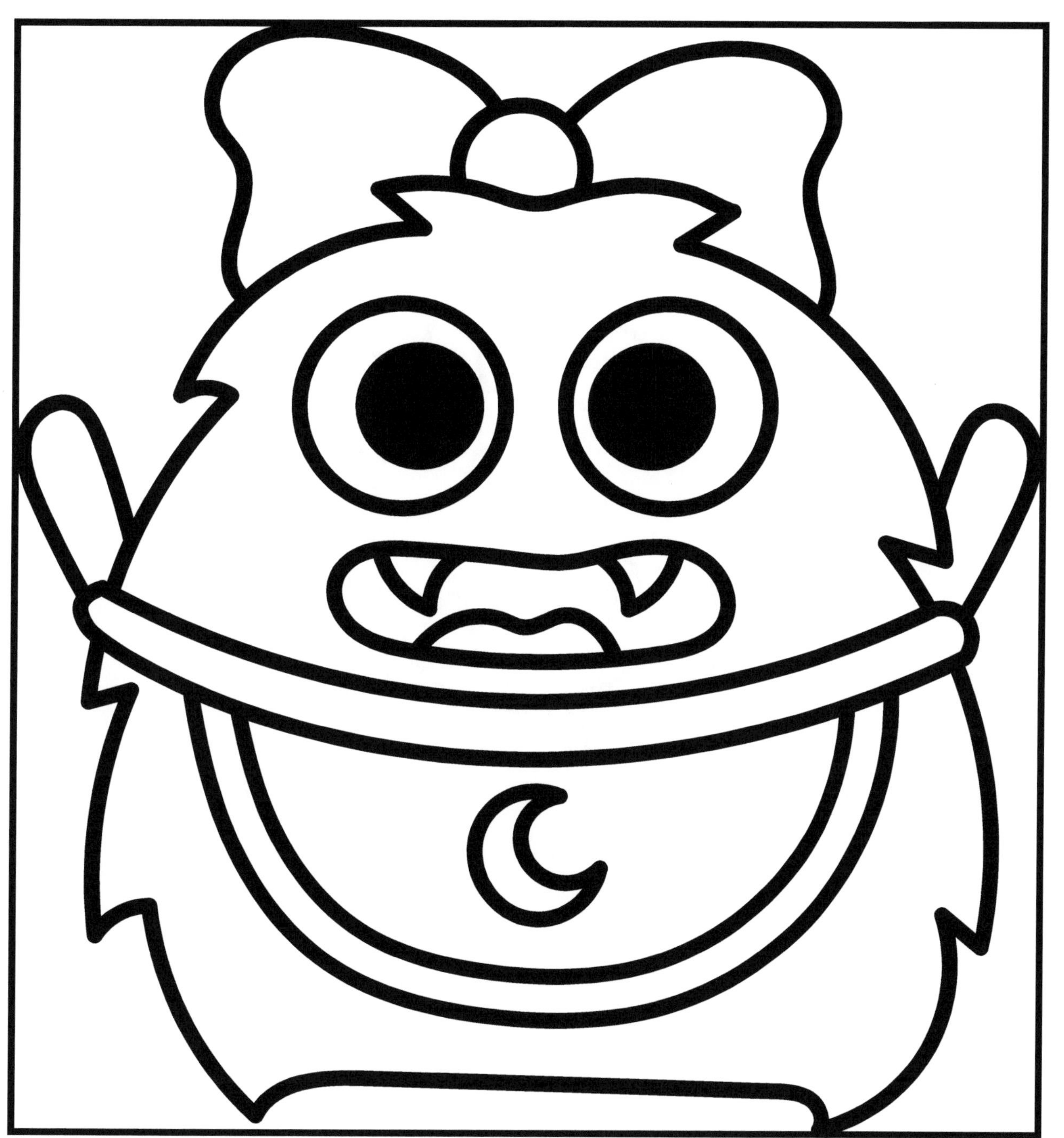

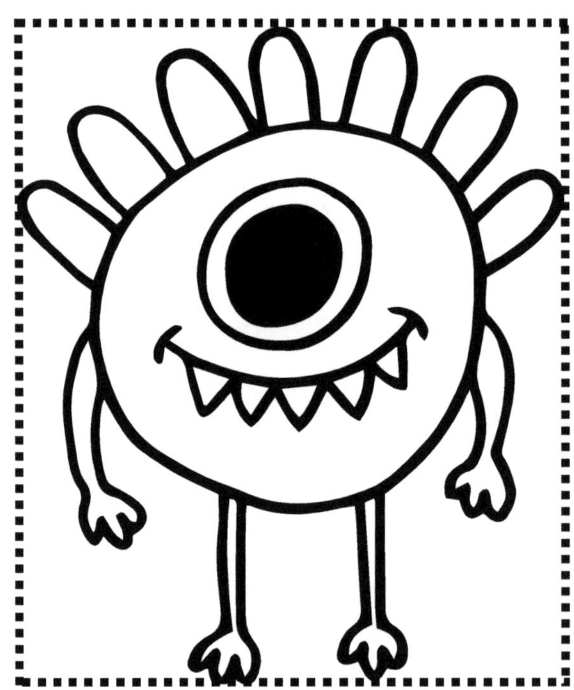

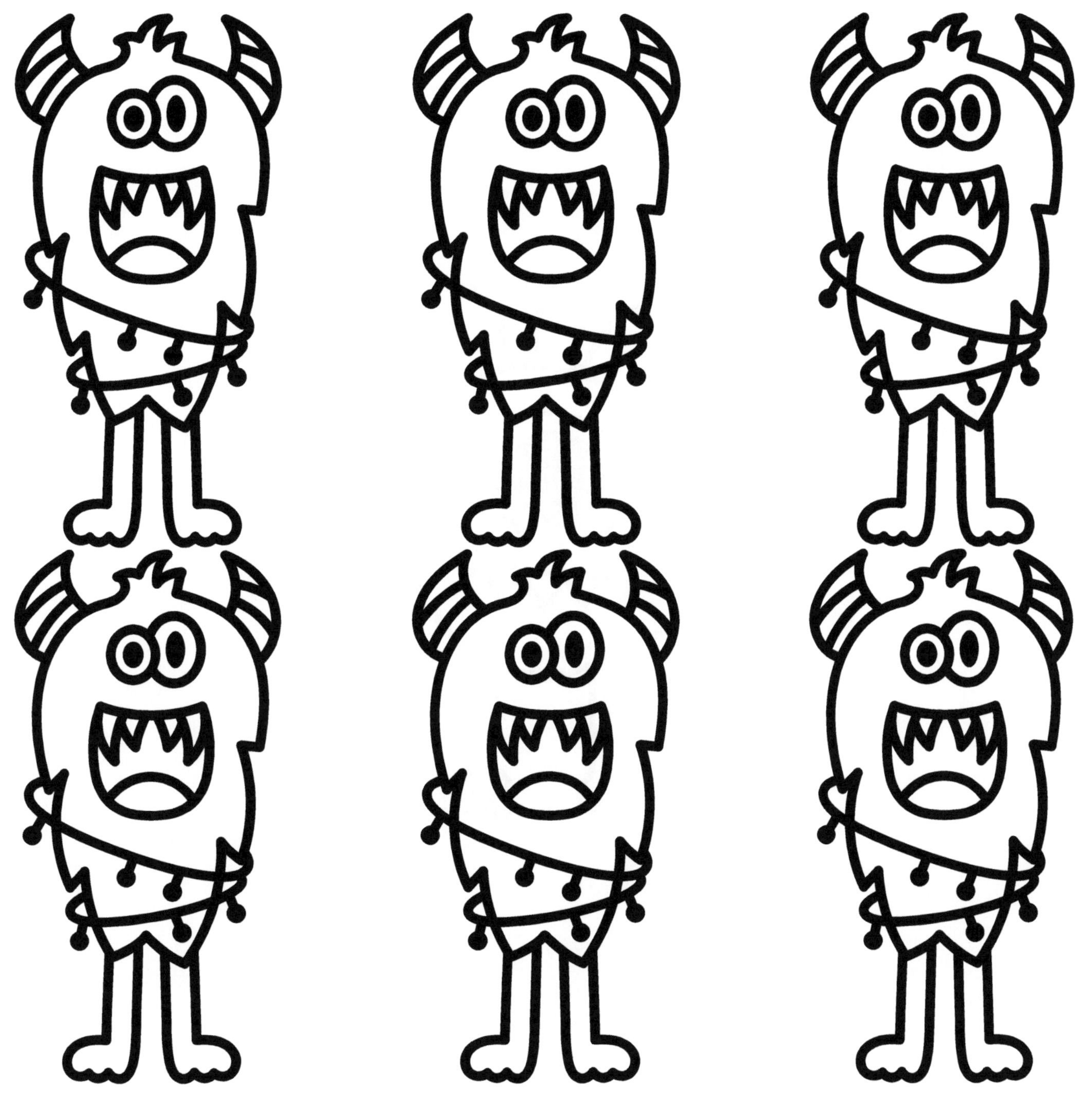

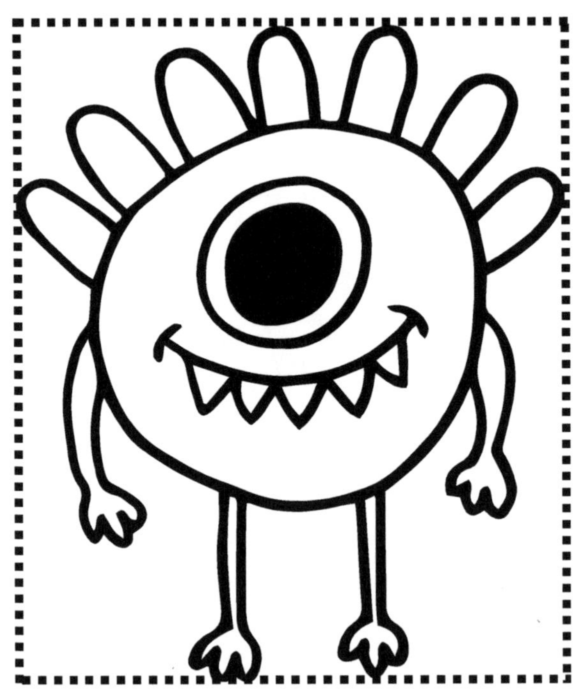

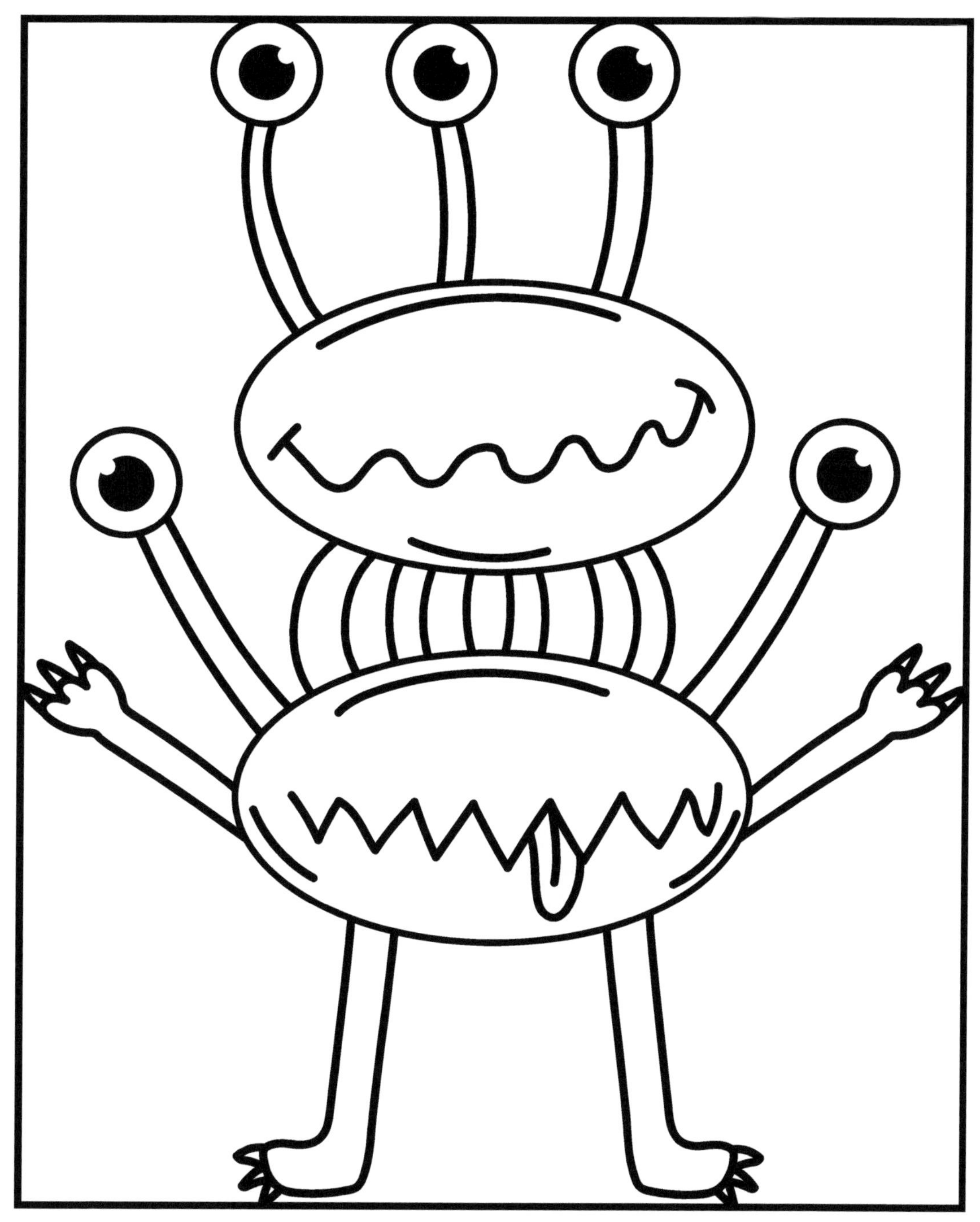

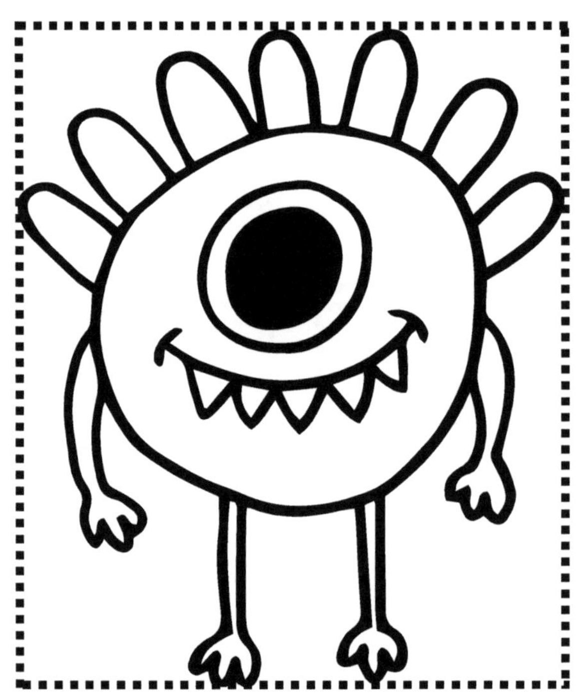

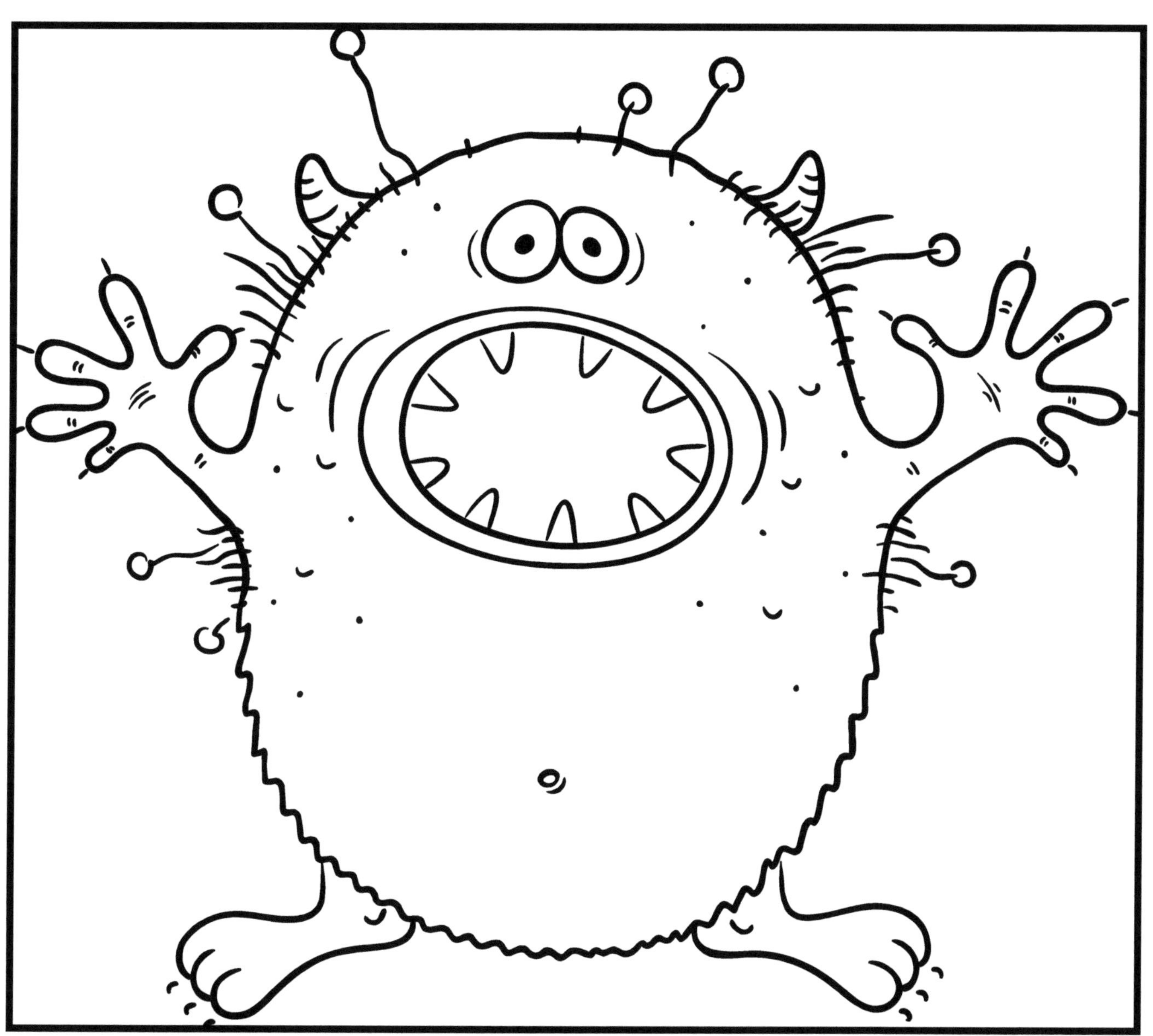

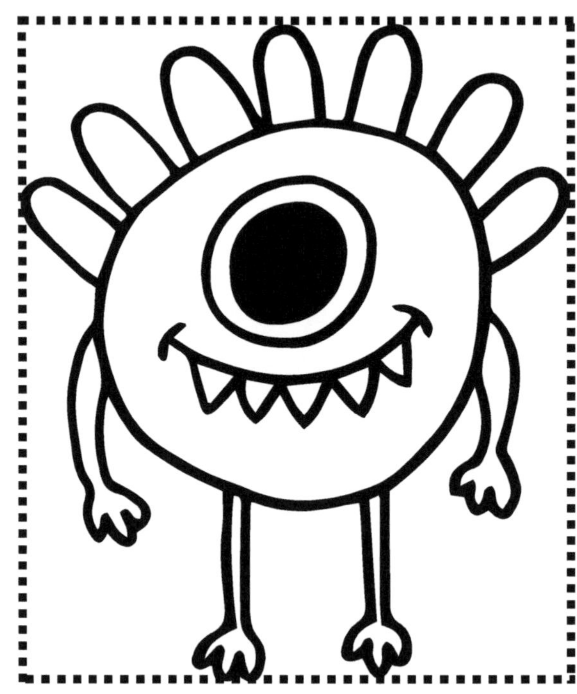

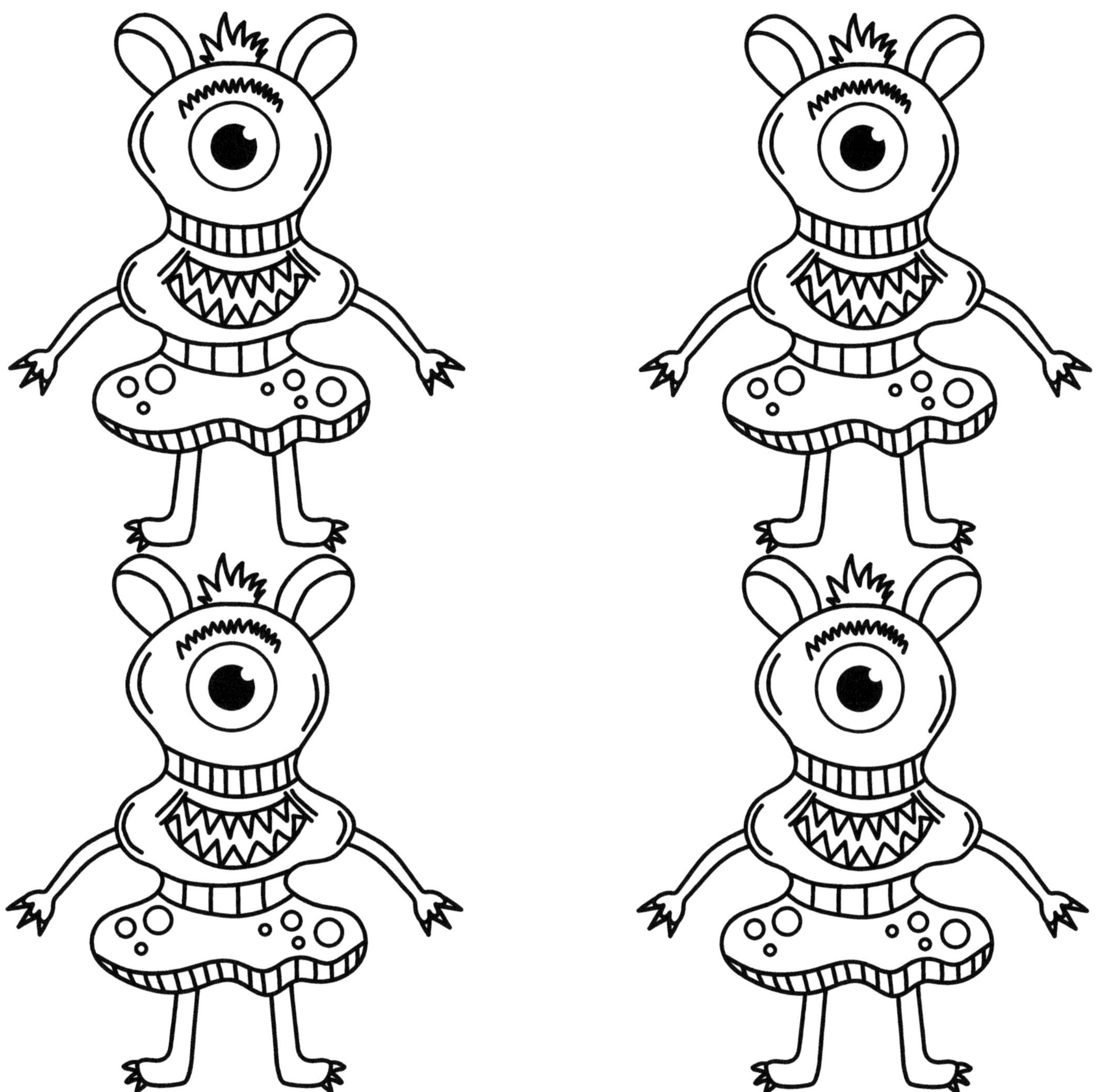

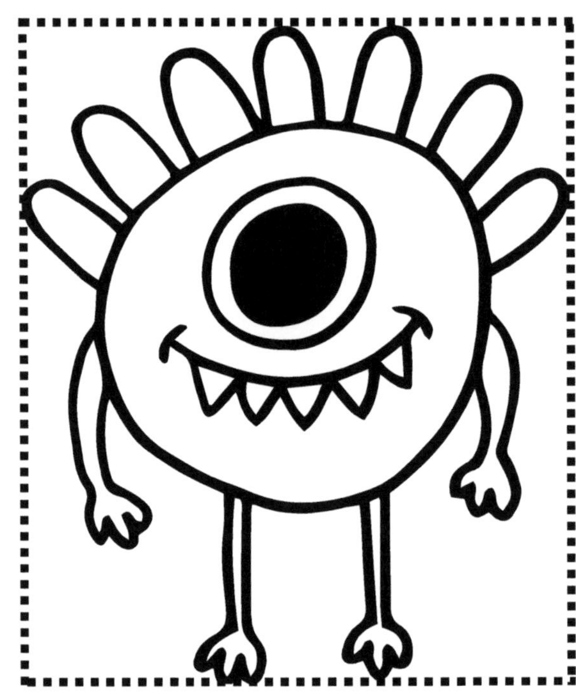

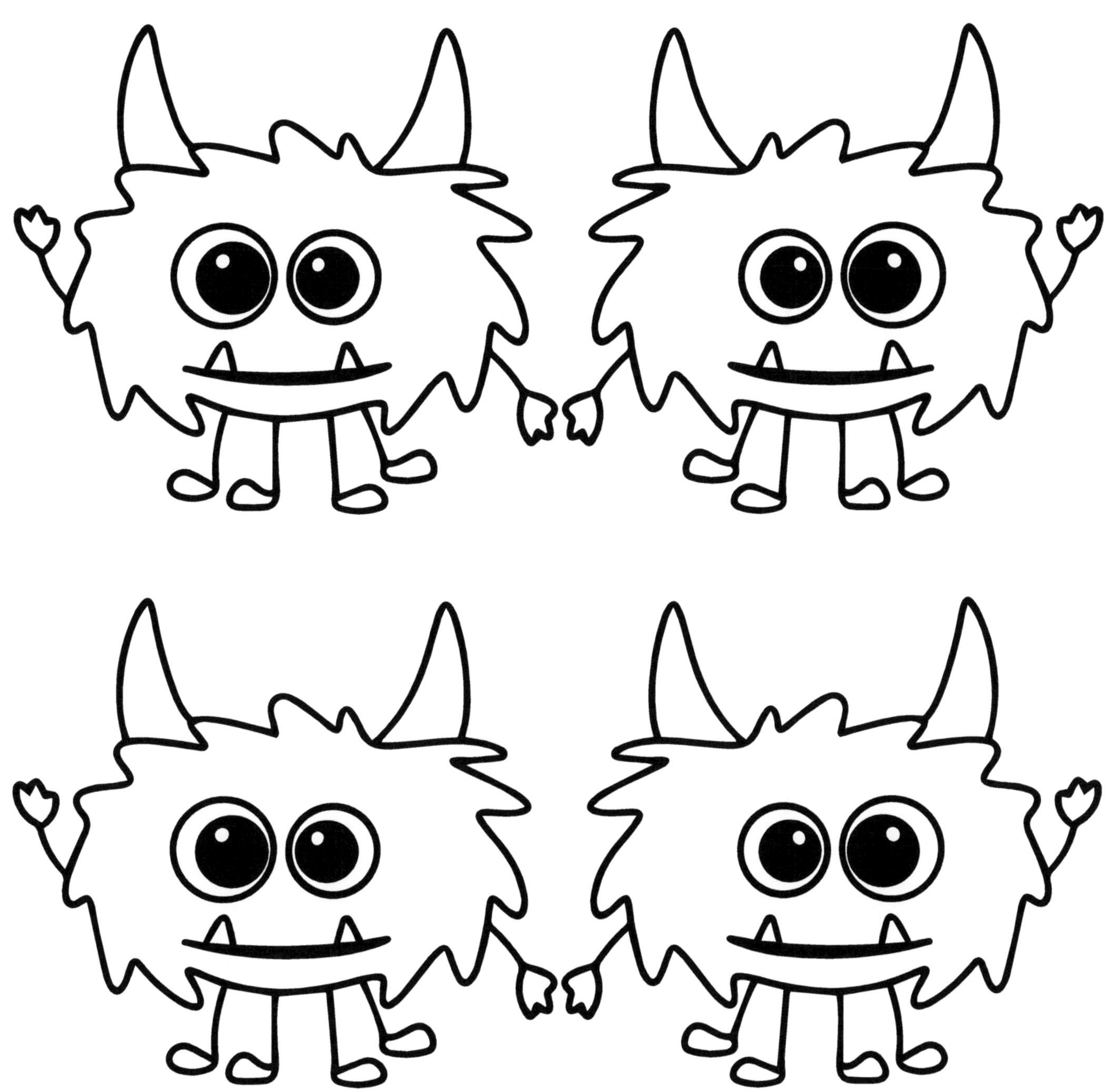

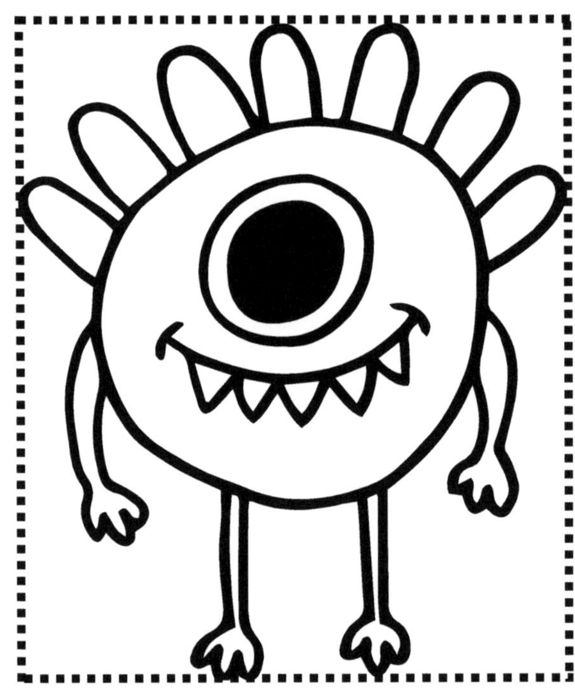